全国技工院校公共课教材
劳动教育课教材

技能成就
精彩人生

主　编　李　珂
副主编　李素卿　丁建安
参　编　张　琛　蔡元帅　杨　琼　王鑫渝

中国劳动社会保障出版社

图书在版编目（CIP）数据

技能成就精彩人生 / 李珂主编 . -- 北京：中国劳动社会保障出版社，2022
全国技工院校公共课教材　劳动教育课教材
ISBN 978-7-5167-5259-3

Ⅰ. ①技…　Ⅱ. ①李…　Ⅲ. ①劳动教育 - 技工学校 - 教材　Ⅳ. ①G40 - 015

中国版本图书馆 CIP 数据核字（2022）第 004875 号

中国劳动社会保障出版社出版发行
（北京市惠新东街 1 号　邮政编码：100029）
*
北京市白帆印务有限公司印刷装订　　新华书店经销
787 毫米 × 1092 毫米　16 开本　9.5 印张　133 千字
2022 年 1 月第 1 版　2022 年 3 月第 2 次印刷
定价：23.00 元

读者服务部电话：（010）64929211/84209101/64921644
营销中心电话：（010）64962347
出版社网址：http://www.class.com.cn
http://jg.class.com.cn

·序 言·

新时代，我们为什么呼唤更多高技能人才？

从推动文明进程的四大发明，到引领科技的墨子号卫星；从横亘万里的古老长城，到九州梦圆的港珠澳大桥、高铁网络；从踞地测天的浑天仪，到遨游太空的神舟飞船、天宫空间站……，这些我们引以为傲、跨越千年的匠心作品和伟大工程，代表着中国制造、中国建造、中国创造的实力和水平，也是一代又一代中国匠人锲而不舍、追求卓越的智慧结晶。进入新时代，弘扬劳模精神、劳动精神、工匠精神之风已吹遍华夏，正指引着亿万劳动者为实现中华民族的伟大复兴而奋勇前进。

器物有形，匠心无界。这个时代，小到一颗螺丝、一个钻头的打磨，大到航母、大飞机等大国重器的制造，都离不开高技能人才的保驾护航。党的十八大以来，党和国家十分重视技能人才队伍建设。习近平总书记指出：“劳动者素质对一个国家、一个民族发展至关重要。技术工人队伍是支撑中国制造、中国创造的重要基础，对推动经济高质量发展具有重要作用。”“要更加重视青年人才培养，努力造就一批具有世界影响力的顶尖科技人才，稳定支持一批创新团队，培养更多高素质技术技能人才、能工巧匠、大国工匠。”在实现第二个百年奋斗目标、全面建设社会主义现代化国家的新征程上，我们比历史上任何时候都更需要高素质、高层次的技术技能人才，通往能工巧匠、大国工匠之路的大门正在打开，技能人才迎来了最好的时代。广大青年走技能成才、技能报国之路，必将拥有更加光明的未来！

中国的不断发展，必然依靠千万坚守职业理想、满怀报国之情的技能人才的支撑。新中国历史上，一位位作出突出贡献的技能人才被授予了“劳动模范”这一光荣称号；今天，技能人才的道路更加宽广，能当“明星”，能创品牌，能在学习和工作中施展抱负、获得荣誉，也能进行发明创造、突破革新，还能在行业里做到极致、成为大师。在世界技能大赛和全国职业技能大赛上，就有这样一群年轻人，他们传承技艺、坚守初心，他们不断突破自我、勇攀高峰，他们是技能人才的代表，更是技能中国的未来。以他们为榜样，每一位普通人都有机会在技能舞台上施展才华、大放光彩！

青年最富有朝气，最富有梦想。青年时代，选择磨砺就选择了收获，选择奉献就选择了高尚，选择技能就选择了主动。技能人才应该追求三重境界。首先是技行天下，能创未来。无论身处哪个行业，只要练就一身真本领，掌握一手好技术，能够创造价值，就能成长成才，就能有所收获。进一步就是追求创新，道技合一。当技能达到巅峰，工作就变得游刃有余，接近“道”的体会。这是超越了技术本身的精神追求，是情怀的厚植，是思想的飞跃，更是人生的升华。最高境界的追求是技能报国，成就大我。技能人才如果常怀匠心，排除万难追求卓越，矢志不渝建设国家，中国品牌就能走向全球，就能赢得世界的尊重和欢迎。

奋斗本身就是一种幸福。无论从事什么行业，技能人才都能在本职工作中体现价值、展现风采、感受快乐。技能可作东风，奋发正当其时。广大青年学子要勇担大任，干大事、成大器、立大功，不负时代、不负韶华，跑好新时代技能人才的匠心接力赛，用汗水浇灌无悔青春，用技能成就精彩人生！

李　珂

中国劳动关系学院劳动教育学院（劳动教育研究院）院长

中国高等教育学会劳动教育专业委员会秘书长

2022 年 1 月 1 日　北京增光路

目 录

·绪论·

奋斗青春　追梦时代

对于技能学子来说，当今时代是最好的时代，技能学习能够为人生梦想插上翅膀。

通过绪论的学习，我们能看到新时代赋予技能学子的机遇与舞台，体会技能学习对实现个人梦想与人生价值的重要作用。让我们珍惜时光，打好基础，坚定技能成才、技能报国的理想信念，为实现梦想做好准备。

生活在我们伟大祖国和伟大时代的中国人民，共同享有人生出彩的机会，共同享有梦想成真的机会，共同享有同祖国和时代一起成长与进步的机会。有梦想，有机会，有奋斗，一切美好的东西都能够创造出来。

——习近平

* 时代的发展给技能人才带来更多机遇，创造了有利的政策环境。
* 既要志存高远，又要脚踏实地。技能学子的成才梦是基于理想与现实的不懈追求。
* 把个人的成才梦与实现中华民族伟大复兴的中国梦融汇合流，是技能人才成长和成才的最佳路径。

人们常说，千金在手不如一技傍身。掌握一门技能能够打开职业发展的大门，依靠不断提高的技能水平，能够创造更多的社会价值，实现个人发展和人生抱负。靠“千金”终会坐吃山空，学好技能才是真正端起了“金饭碗”。

当今时代是学习技能最好的时代。它为技能人才提供了更广阔、更多元的舞台，让技能学子拥有了更多人生出彩、梦想成真的机会。下面，让我们一起走进这最好的时代，了解这些多彩的技能舞台，在心中埋下奋斗和追梦的种子。

最好的时代

一代人有一代人的机遇，一代人有一代人的奋斗。每一个时代都孕育着不同的机遇，技能人才也要在自己所处的时代坐标上谋划人生、创造历史。无论是在社会主义革命和建设时期，还是在改革开放和社会主义现代化建设新时期，技术工人队伍建设始终得到党和政府的高度重视。党的十八大以来，中国特色社会主义进入新时代，关于技能人才的政策环境持续改善，技能人才迎来了最好的时代。

1. 新时代的历史机遇

在推动我国社会主义现代化工业体系建立和发展进程中，在 40 多年改革开放的辉煌成就中，技能人才作出了突出贡献。为了实现从制造大国向制造强国转变，从中国制造向中国创造、中国智造转变，国家需要培养更多的高技能人才。

党的十八大以来，党和国家把技能人才队伍建设放在了更高的位置上，从战略高度为技能人才成长营造良好制度环境，陆续出台了关于产业工人队伍建设改革、提高技术工人待遇、终身职业技能培训、高技能人才与工程技术人才职业发展贯通等方面的政策制度，打通了技能人才成长成才的发展路径，为技能人才搭建了更多施展才华、实现抱负的平台。

打破工人成长的“天花板”

作为全国产业工人队伍建设改革的项目试点单位、国内轨道交通装备核心零部件研发制造的领军企业，中国中车戚墅堰机车车辆工艺研究所（以下简称“戚墅堰所”）率先创新机制、搭建平台，在制度上不断健全产业工人培养、发展、创新和评价机制，让每一名产业工人都能找到基于自身岗位的职业发展方向与路径。戚墅堰所针对产业工人设置了专门的职业成长通道、“双师型”人才培养方案等，助力产业工人打破职业成长的“天花板”。

戚墅堰所为技能人才量身定制了从制造员到首席制造专家的 10 级成长阶梯，技能人才的经济待遇随技术层级递增，第 5 级以上的一线技工享受中层管理人员待遇，第 1 级享受公司副总待遇。该制度设计打通了一线技工职业成长通道，让每个职工都享有事业成功、人生出彩的机会。

戚墅堰所深化培养机制改革，制定了职业资格、职业技能等级与相应职称比照的参评制度，鼓励具备条件的工程师考取技师职业资格，鼓励高技能领军人才参加工程系列职称申报。这种制度已经培养出“双师型”人才 10 余名。

张剑云是公司铸造工，曾获评“江苏省首席技师”。得益于“双师型”人才培养机制，2019 年他获得“铸造工程师”技术职称，公司还投入 100 万元成立了由他领衔的“张剑云技能大师工作室”，开展难题攻关。

近年来，一线工人经济待遇、社会地位及干事创业热情明显提高。

随着技能人才政策不断落实，技能人才的发展机会越来越多、越来越好。技能学习能够为技能学子的梦想插上坚实有力的翅膀，而良好的政策措施与社会环境将为技能人才的职业发展提供强有力的保障。

《新时期产业工人队伍建设改革方案》

从加强和改进产业工人队伍思想政治建设、构建产业工人技能形成体系、运用互联网促进产业工人队伍建设、创新产业工人发展制度、强化产业工人队伍建设支撑保障等 5 个方面，提出了 25 条具有针对性和实效性的改革举措。

《关于提高技术工人待遇的意见》

突出“高精尖缺”导向，大力提高高技能领军人才待遇水平；实施工资激励计划，提高技术工人收入水平；构建技能形成与提升体系，支持技术工人凭技能提高待遇；强化评价使用激励工作，畅通技术工人成长成才通道。

《关于推行终身职业技能培训制度的意见》

推行构建终身职业技能培训体系、深化职业技能培训体制机制改革、提升职业技能培训基础能力等一系列终身职业技能培训的政策安排。

《职业技能提升行动方案（2019—2021年）》

大力推行终身职业技能培训制度，面向职工、就业重点群体、建档立卡贫困劳动力等城乡各类劳动者，大规模开展职业技能培训，加快建设知识型、技能型、创新型劳动者大军。

《关于进一步加强高技能人才与专业技术人才职业发展贯通的实施意见》

打通高技能人才与专业技术人才职业发展通道，探索建立理论与实践相结合、技术与技能相促进的人才评价使用激励机制，激发高技能人才创新活力。

《技能人才薪酬分配指引》

实行岗位成长和职级通道并行设置、互相衔接，促进形成技能人才在企业内部有职业发展、能成长为专家的稳定预期。引导企业对技能要素和技能人才创新性劳动的认可，在薪酬体系、岗位工资、绩效工资设计等方面提出具体建议。

2. 就业市场上的香饽饽

技能人才是未来制造业中的技术先锋，是建设制造业强国的中坚力量。人力资源社会保障部 2020 年的统计数据显示，我国技能劳动者已超过 2 亿人，占就业人员总量的 26%，但高技能人才只有 5 000 多万人，仅占技能人才总数的 28%。在劳动力市场中，制造业、服务业技术工人短缺，技术工人的求人倍率常年保持在 1.5 以上，高级技工的求人倍率在 2 以上。这就意味着技能人才，尤其是高技能人才是劳动力市场中的急需人才。

在就业市场上，技能人才明显短缺，高技能人才更是长期紧缺。他们经常受到企业的青睐，成为企业争抢的香饽饽。

企业求“技”若渴

据《人才就业社保信息报》报道，2019 年湖南一所技师学院举办的应届毕业生校园招聘会吸引了来自全省近百家企业“抢人”。

在这场招聘会上，长沙一家科技公司和其他公司一样，针对高技能人才，打出了“高价牌”。招收数控操作人才可谓不惜成本，合适的持证毕业生可直接拿到 7 000 元月薪，实习期间的补贴也在 2 000~2 500 元之间。该公司人力资源部主管介绍，一些专业和行业紧缺人才也非常抢手，许多企业就明确表示，只要是这个学校、这个专业的毕业生就要。

“我们有学生去了企业，月工资已经涨到了 1 万多元！”该技师学院的一位负责人表示，随着产业结构调整和升级，企业也在寻求创新发展路径。随着制造业自动化水平的提高，机器替代人工成为趋势，大型企业的生产车间几乎达到了 90% 的自动化程度。因此，懂得“管机器”的技工院校学生就成为各企业争抢的香饽饽。

知识链接

求人倍率是劳动力市场在一个统计周期内有效需求人数与有效求职人数之比。求人倍率可以反映一个统计周期内劳动力市场的供需状况。当求人倍率大于 1，说明这个岗位需求人数多于求职人数；当求人倍率小于 1 时则相反。这个指标既是反映劳动力市场供求状况的重要指标，也是反映整个经济状况的重要指标。

技能学子通过技能学习，掌握了技能理论知识，强化了实践操作能力，习得技能并获得了相应的技能证书，具有很强的岗位针对性，能够满足用人单位“即招即用”的需求，形成了独特优势，因而深受就业市场的青睐。从东南沿海到西北边陲，技能人才是全国各行各业技术工人中的宝贵财富，是企业生产制造所需的重要人力资源。一个年轻人完全可以通过掌握一门实用的技能获得工作，为人生发展提供最坚实的立足点和支撑点。

探究与思考

小组合作探究，新时代给了我们哪些新的历史机遇，技能人才在就业市场处于一种什么样的地位。上网查阅资料，说一说你学习的专业未来有怎样的前景。

更多的舞台

党和国家高度重视技能人才的成长，全社会为技能人才提供了施展抱负、成就自我的各种平台。对技能人才而言，就读的学校、就业以后的工作岗位是其成长的舞台，各种各样的职业技能大赛、职业技能等级鉴定、职称评定、工匠人物评选、科技发明奖励等，也是其展示自我的舞台。拿大奖、成“明星”、搞发明，技能人才成才之路丰富多彩。

1. 技能人才拿大奖

在技能学习的过程中，技能学子有机会参加职业技能大赛并获得奖项，这是对个人技能水平的认可，也是难忘的人生经历。

我国越来越重视职业技能赛事的组织举办，从国家对技能赛事的管理上看，既有国家级、省级、地市级的技能大赛，也有不同行业、不同地区根据本行业、本地区的特点和需要举办的技能赛事。

技术工人队伍是支撑中国制造、中国创造的重要力量。职业技能竞赛为广大技能人才提供了展示精湛技能、相互切磋技艺的平台，对壮大技术工人队伍、推动经济社会发展具有积极作用。希望广大参赛选手奋勇拼搏、争创佳绩，展现新时代技能人才的风采。

——2020年12月习近平致第一届全国职业技能大赛的贺信

行业技能赛事知多少

新华社记者摄

每年上半年，人力资源社会保障部会印发《关于组织开展全国行业职业技能竞赛的通知》，对全国行业职业技能年度赛事作出统一安排。2021 年 4 月，人力资源社会保障部印发《关于组织开展 2021 年全国行业职业技能竞赛的通知》（以下简称《通知》），明确当年将组织开展一类职业技能大赛 10 项、二类职业技能竞赛 77 项，涉及 224 个职业（工种）。同时，还明确将会同有关部门组织开展全国乡村振兴职业技能大赛、全国新职业技能大赛等专项赛事。

《通知》明确，对一类职业技能大赛各职业（工种）决赛单人赛项前 5 名、双人赛项前 3 名、三人赛项前 2 名和二类职业技能竞赛各职业（工种）决赛单人赛项前 3 名、双人赛项前 2 名、三人赛项第 1 名且为职工身份的选手，经人力资源社会保障部核准，授予"全国技术能手"称号。获得相应名次的选手晋升职业资格或职业技能等级。

2020 年 12 月 10 日至 13 日，第一届全国职业技能大赛在广州举办。此次大赛设 86 个比赛项目，其中世界技能大赛选拔项目 63 项、全国职业技能大赛精选项目 23 项；共 36 个代表团参赛，参赛选手 2 557 人，来自全国 1 041 个单位；共有 2 300 多名裁判人员。这是新中国成立以来规格最高、项目最多、规模最大、水平最高的综合性国家职业技能赛事。

全国职业技能大赛是我国顶级技术工人展现技术风采的绝好机会。正是这样一批批能工巧匠，让我们对中国制造的未来产生了更强的信心，他们的高水平技能是支撑中国制造迭代升级的关键力量。

奥林匹克运动大家耳熟能详，世界职业技能领域也有自己的“奥林匹克”级赛事——世界技能大赛。

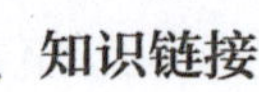

知识链接

世界技能大赛

世界技能大赛（WorldSkills Competition，WSC）由世界技能组织举办，是全球地位最高、规模最大、影响力最广的职业技能竞赛，被誉为“世界技能奥林匹克”。世界技能组织的宗旨是在世界范围内促进技能的发展。世界技能大赛规定，除飞机修理等少数需要特别丰富经验的项目外，绝大多数项目的参赛者年龄必须在 22 岁及以下。世界技能大赛每两年一届，我国于 2010 年加入世界技能组织，从 2011 年到 2019 年，先后参加了第 41 届到第 45 届比赛，累计获得 143 枚奖牌，其中金牌 36 枚、银牌 29 枚、铜牌 20 枚和优胜奖 58 个。我国选手在比赛中的成绩持续提高，获奖数量逐届增加，我国职业技能竞技实力相对全面均衡。

第 41 届至第 45 届世界技能大赛我国获奖数量统计

世界技能大赛	金牌数量（枚）	银牌数量（枚）	铜牌数量（枚）	优胜奖数量（个）
第 41 届		1		5
第 42 届		1	3	13
第 43 届	5	6	4	11
第 44 届	15	7	8	12
第 45 届	16	14	5	17

世界技能大赛是广大技能学子展示技艺、释放激情的国际性舞台，也是高端交流、放飞梦想的世界级竞技场。2022 年 10 月 12 日至 17 日，第 46 届世界技能大赛将在我国上海举办。届时，上海将迎来来自世界各地的顶级技能青年。中国选手也将又一次在世界技能舞台亮相，展现中国高技能青年人才的风采。

2. 技能人才成“明星”

明星，古书上是指金星，现在则是指在某个领域内有一定影响力的人物，如演员、运动员等。技能领域也有很多卓尔不群的“明星”。

全社会对技能人才的关注度很高，技能人才队伍中脱颖而出的佼佼者也会受到“明星”般的追捧。新中国成立后，国家就建立了劳动模范表彰制度，表彰在各行各业中有显著成绩或重大贡献可以作为榜样的人，授予他们先进人物的荣誉称号。这其中有很多技能人才，也成了当之无愧的“明星”人物。

1995 年，我国建立了“中华技能大奖”和“全国技术能手”评选表彰制度，专门表彰作出突出贡献、实现技能创新的高技能人才，各地也依此对应建立了“大奖”和“能手”的表彰和奖励体系，这些“大奖”和“能手”的获得者成为本区域和本行业很受欢迎的人才，一些城市主动为他们落户并给予高薪待遇。

2015 年，中央电视台开始播出《大国工匠》系列纪录片，先后有数十位大国工匠成为新时代的“明星”人物，引起全社会的广泛关注。“工匠精神”开始成为社会热词，全国各地掀起了表彰技术工人、宣传技能人才的高潮，这为技能人才的成长营造了良好的社会环境和舆论氛围。

部分城市工匠评选一览

城市	称号	城市	称号
深圳	鹏城工匠	成都	成都工匠
南京	南京工匠	大连	大连工匠
武汉	大城工匠	青岛	青岛工匠
沈阳	盛京大工匠	宁波	港城工匠
西安	西安工匠	广州	羊城工匠
济南	济南工匠	佛山	大城工匠
杭州	杭州工匠	银川	凤城工匠
长春	长春工匠	昆明	昆明工匠
哈尔滨	哈尔滨大工匠		

3. 技能人才搞发明

技术工人不仅可以通过技能为社会提供产品和服务，而且可以通过发明创新在技术领域创造价值。从工作台上的创新方法到推动单位、行业的技术革新，再到国家重大科技工程的突破，技术工人的创新来自一线实践，技术含量高、实用性强。在加快产业转型升级、推动技术创新、提高企业竞争力等方面，技术工人发挥着基础性作用。

2006 年，国家科学技术进步奖首次设立工人农民科技创新评审组，这是国家为激励工人、农民开展科技创新而实施的举措。截至 2021 年 12 月，由中华全国总工会推荐，荣获国家科学技术进步奖二等奖的技术工人已达 20 名。这些技能专家在各自的工作岗位上将理论知识与实践作业相结合，取得了突破性的创新，实现了经济效益与社会效益的双丰收，他们自己也成为本行业、本工种最高技术水平的杰出代表。

潘从明，金川集团铜业有限公司贵金属冶炼分厂冶金高级技师，西北地区首位获得国家科学技术进步奖的一线工人。

潘从明主创的“镍阳极泥中铂钯铑铱绿色高效提取技术”项目获 2019 年国家科学技术进步奖二等奖。

潘从明说："一直觉得我的工作没干到位，有许多活还没干。我认为钻研技术，解决难题，就是最大的乐趣。"

中新社记者摄

黄金娟，国网浙江省电力有限公司电力科学研究院高级技师、高级工程师。

黄金娟牵头研发的"电能表智能化计量检定技术与应用"成果获得2017年国家科学技术进步奖二等奖。她是该奖项设立以来首位获奖的女性工人。

黄金娟说："作为基层一线员工，解决了实际工作当中的每一个小问题，其实就是一种创新，有时候身心也会很疲惫，但努力地实现目标后，就会有一种成就感，也是一种幸福。"

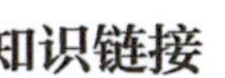

知识链接

国家科学技术进步奖是国务院设立的国家科学技术奖5大奖项之一。奖项授予完成和应用推广创新性科学技术成果，为推动科学技术进步和经济社会发展作出突出贡献的个人、组织。

国家科学技术进步奖实行提名制，符合国家科学技术奖励工作办公室有关规定的个人、组织机构和相关部门具有国家科学技术进步奖的提名资格。各省、自治区、直辖市和计划单列市人民政府，新疆生产建设兵团，香港特区政府，澳门特区政府，国务院有关组成部门和直属机构（如中华全国总工会），部分大型央企，部分全国性的学会、协会和联合会（如中国发明协会）等都可以提名。

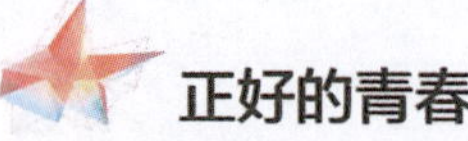

正好的青春

“劝君莫惜金缕衣，劝君惜取少年时。花开堪折直须折，莫待无花空折枝。”青少年时期正处于人生最美好、最激情、最富活力的阶段，也是敢于有梦、勇于追梦、勤于圆梦的时期。

技能学习需要大量的、反复的动手操作，对眼、手、脑的协调能力要求较高。青少年处于身体发育的最佳阶段，在此阶段，青少年的身体协调性、肌体力量等快速发展。青少年的身体优势能够帮助他们较快地把技能操作顺利地从“做到”变成“熟练”，形成身体记忆，打好技能基础。

青少年正处于大脑快速发育时期，逻辑思维能力显著增强，能够通过分析、抽象、推理、概括、综合、判断来理解事物的内在联系。在技能学习中，思维能力的提升能够帮助青少年快速掌握技能学习技巧，举一反三，实现对技能的灵活应用。

青少年还有着丰富的想象力，敢于尝试新鲜事物，常常有自己独特的见解，这些都是创新创造能力的萌芽。技能学子可以利用这种优势，在扎实练好技能基本功的基础之上多思考、多拓展、多创造，以期经过磨炼达到提升技能、实现创新的目的。

一位年轻的大国工匠

陈行行，中国工程物理研究院机械制造工艺研究所高级技师，入选2018年“大国工匠年度人物”。

陈行行是一个从小乡村走出来的农家孩子，小时候就对机械很感兴趣，喜欢把自行车、电视的零部件拆散了重新组装。

在技工院校上学时，他特别喜欢与机械加工相关的新技术，通过自己的努力先后考取了8个工种的12个职业资格证书。

毕业后，他通过参加技能比赛提高技术水平，为自己的职业发展积累了丰富经验。在2010年第四届全国数控技能大赛省级选拔赛中，陈行行获得加工中心（四轴）赛项职工组第一名，并在全国的决赛中获得第四名。

也正是因为在这次比赛中取得佳绩，陈行行进入中国工程物理研究院机械制造工艺研究所加工中心，从事软件编程及数控操作工作。他勤奋精进，精通多轴联动加工技术、高速高精度加工技术和参数化自动编程技术，尤其擅长薄壁类、弱刚性类零件的加工。凭借全面的技能、扎实的编程功底和精湛的操作技术，他成为单位在新设备运用、新功能发掘、新加工方式创新等方面的领军人才。

2019年初春，在一次面向技工院校学生的千人报告会上，陈行行说道："人生只有一次，不拼不精彩，不搏枉少年。面对现实社会，要有说出我行的勇气，要有豪情洒脱的气势，精心细雕铸造自己，无悔一生！"

俗语说的"人过三十不学艺"，并不是指三十岁后就不学技艺了，而是强调技艺的学习要趁早开始，错过黄金时期就可惜了。当今时代，既有技能学习的宝贵机会，又有施展才能的广阔舞台。我们坚信，年轻学子只要抓住正好的青春时光，脚踏实地学好技能，就可以成就自我，就能够为家庭圆梦，也有机会为国家发展作出贡献！

探究与思考

和同学讨论，说说在新时代，青年人应该怎么做才能够展现自己最美的青春。分析自身的特点，谈一谈面对这个最好的时代，你觉得自己身上有哪些优势。

·第一单元·

认识技能　学习榜样

技能是人们在改造客观世界过程中锻炼出来的能力。人在劳动中能自由地发挥聪明才智，彰显技能价值。

通过本单元的学习，我们可以理解技能与科学、职业、生活的密切关系，了解人们在劳动中积累技能、推动技术进步的过程，体会一代代工匠通过劳动实现梦想、为国家发展作出突出贡献的荣光。

第一课 技能的真相

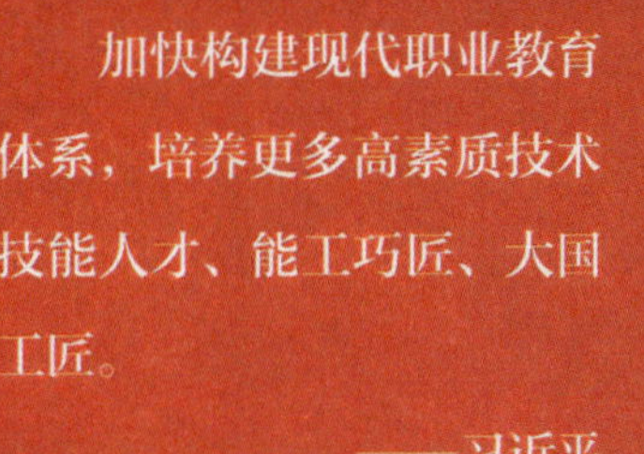

加快构建现代职业教育体系，培养更多高素质技术技能人才、能工巧匠、大国工匠。

——习近平

* 技能发挥作用的核心在于实践。

* 让我们一起来探寻技能与科学、职业以及生活的密切联系。

2021 年 4 月，全国职业教育大会提出了建设技能型社会的理念和战略，强调加快构建面向全体人民、贯穿全生命周期、服务全产业链的职业教育体系，加快建设国家重视技能、社会崇尚技能、人人学习技能、人人拥有技能的技能型社会。技能学子只有了解与掌握了技能，懂得让技能为职业与生活赋能，才能在新时代真正有所作为。

技能与科学

在人们的普遍印象中，科学研究是科学家们的领地，而技能是普通人通过操作练习就可以熟练掌握的，所以有些人认为科学和技能不是一回事，这其实是对技能的误解。技能不仅是丰富的实践经验的积累，更蕴含着科学技术的力量。

科学、技术与技能

科学是理论化了的知识体系，旨在揭示客观事物的本质和运动规律，是人类社会实践的产物，是社会的意识形态之一。

· 科学的任务是通过回答“是什么”和“为什么”的问题，揭示自然的本质和内在规律，目的在于认识自然。

· 科学揭示规律、指明方向，但不会自发地生成技术。

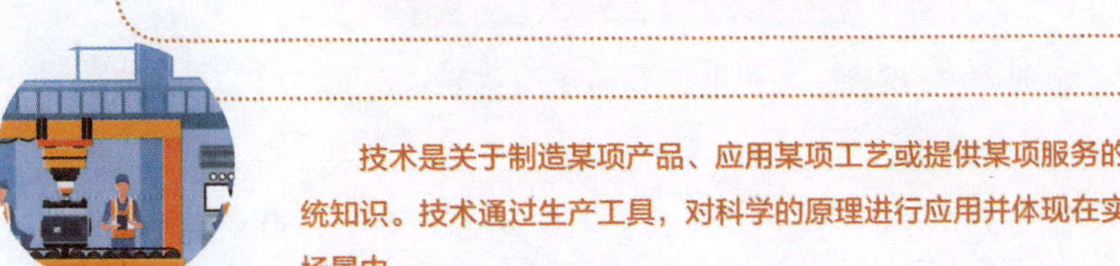

技术是关于制造某项产品、应用某项工艺或提供某项服务的系统知识。技术通过生产工具，对科学的原理进行应用并体现在实际场景中。

· 技术的任务是通过回答“做什么”和“怎么做”的问题，满足社会生产和社会生活的实际需要，目的在于改造和利用自然。

· 技术必须依靠懂科学的人去探索、发明和创造。技术具有鲜明的指向性、目的性，是解决现实问题之道，而这正是技术的神奇之处。

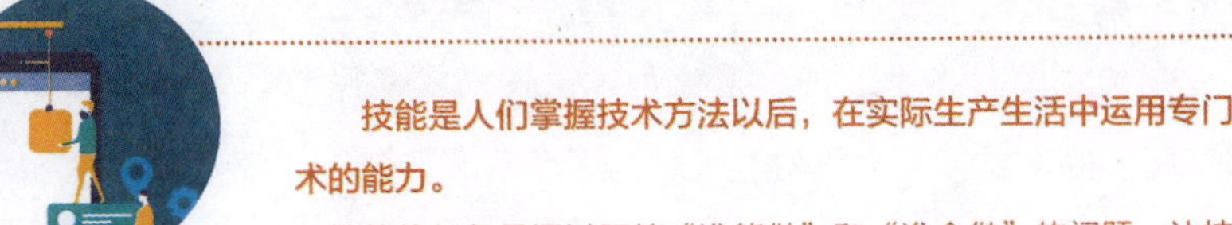

技能是人们掌握技术方法以后，在实际生产生活中运用专门技术的能力。

· 技能的任务是通过回答“谁能做”和“谁会做”的问题，让技术与人的行动和能力发生紧密联系，目的在于为人们的生活提供便利、提供服务。

· 技能是技术的实践应用。技术的探索、创造、革新需要从实践中来，到实践中去。在这个过程中，人的主观能动性就体现在技能上。

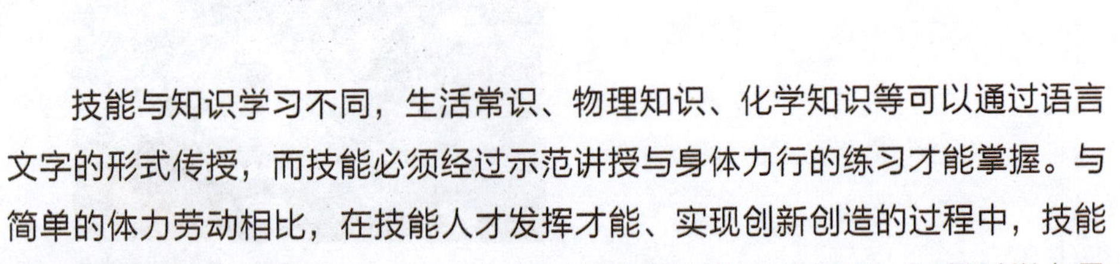

技能与知识学习不同，生活常识、物理知识、化学知识等可以通过语言文字的形式传授，而技能必须经过示范讲授与身体力行的练习才能掌握。与简单的体力劳动相比，在技能人才发挥才能、实现创新创造的过程中，技能不仅是重复性的熟练操作，而且也是对技术能力的充分运用，更是科学力量发挥作用的过程。

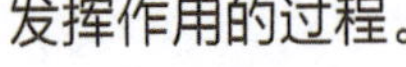

院士眼中的科学家与技术工人

我国著名流体力学专家、天津大学九旬院士周恒先生认为，在科研道路上给他带来启发和触动最关键的两个人，一位是大科学家钱学森，另一位是技术工人曹仁杰。曹仁杰使他认识到做科研要扎根现实世界，基础科学理论要为解决工程技术问题服务。

20世纪70年代，周恒和几位同事受邀到江西九江的一个航海仪表厂，协助那里的研制小组解决一个技术难题。当时，仪表厂正在研制导航仪上所需的“气体动压轴承二自由度陀螺仪”，40多岁的技术工人曹仁杰负责陀螺仪转子、轴承等核心部件的设计和加工。

仪表厂遇到的难题是陀螺仪的转子一启动，整个陀螺仪就会抖动，轴承就会卡死。周恒一行人到了现场，发现实际情况和教科书里讲的不是一回事。书里讲陀螺仪，没提过抖动问题。当时美国已有用这类陀螺仪做核心的导航仪，但一点详细资料都没有。

周恒在曹仁杰身边仔细看他加工陀螺仪零部件，也从旁观察运转试验。他发现轴承上刻的螺旋槽，深度只有2微米，这全凭曹仁杰制造的土模具，用手工打磨出来。曹仁杰身上的干劲和那种精确到微米的严谨感染了周恒。

通过在工厂的实际观察，并参考当时能得到的一些零星资料，周恒渐渐意识到，困住研制小组的并不是教科书上的理论问题，而是现实操作中的稳定性问题。重新确定方向以后，周恒想方设法突破难关，而曹仁杰的实践给了周恒很大的启发。

导航陀螺仪是一种精密设备

最终，周恒通过计算得

到了可以不产生抖动的轴承参数。曹仁杰则利用周恒给出的参数加工出了新的转子，一举制造出不抖动的陀螺仪。

经过两年的努力，难题得以解决。周恒总结相关原理和经验，和上海交通大学的刘延柱教授合作写了一本小册子，至今这本小册子仍常被我国研制惯性导航仪的单位参考。

陀螺仪最终设计成型，曹仁杰起了很大作用。周恒说："曹仁杰在多次尝试之后，最终选择了一种和书本、文献上不同的结构。直到改革开放后，我们才发现，国外一款飞机上的著名陀螺仪的结构与他当年的设计非常相似。"

与曹仁杰的交往让周恒坚信，技术创新不可迷信书本，要亲自实践才能取得真知，理工结合才是有效的科研方法。

探究与思考

技能与科学的关系是什么？读完《院士眼中的科学家与技术工人》，你来谈一谈科学家和技术工人两者之间有什么样的联系和区别。

技能与职业

同学们会做饭吗？你的厨艺怎么样呢？如果你会做饭，请问你能胸有成竹地说你掌握了厨艺烹饪技能吗？能够做些家常菜与做一名职业厨师是有很大区别的，这种区别也是生活技能与职业技能的差异。

技能反映了从事某种实际操作的能力，但有了这种技能的人就可以从事相应的职业吗？在很多领域并不尽然，人们需要进一步增强职业化训练和专项考核，才能系统掌握并娴熟运用职业技能，从事专业的技能工作。而这其中重要的门槛就是职业技能等级认定和职业资格准入，即对职业技能进行专业性、权威性与社会化的认定。

人力资源社会保障部《关于改革完善技能人才评价制度的意见》（人社部发〔2019〕90号）要点摘编

建立健全以职业资格评价、职业技能等级认定和专项职业能力考核等为主要内容的技能人才评价制度，形成有利于技能人才成长和发挥作用的制度环境。

社会通用性强、专业性强、技术技能要求高的职业（工种），可根据经济社会发展需要，实行职业技能等级认定，由用人单位和社会培训评价组织按照有关规定开展职业技能等级认定。

对关系公共利益或涉及国家安全、公共安全、人身健康、生命财产安全的水平评价类职业资格，要依法依规转为准入类职业资格。

职业技能的获得一般是通过职业教育来实现的。在技工院校，技能学习具有很强的岗位针对性，学生通过技能学习熟悉某一领域的实际工作标准和操作规范，习得从事某职业的实际工作能力。在学习期间，同学们应重视职业技能等级认定或者职业资格证的取得，这样在就业市场上更具有竞争优势。

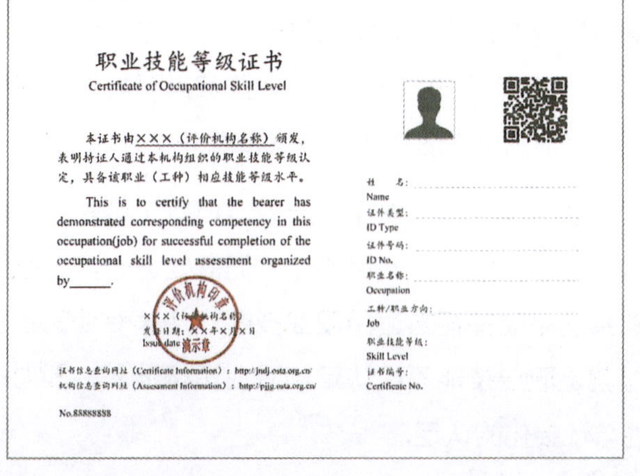
职业技能等级证书
Certificate of Occupational Skill Level

本证书由×××（评价机构名称）颁发，表明持证人通过本机构组织的职业技能等级认定，具备该职业（工种）相应技能等级水平。

This is to certify that the bearer has demonstrated corresponding competency in this occupation(job) for successful completion of the occupational skill level assessment organized by______.

×××（评价机构名称）
发证日期：××年×月×日
Issue date

证书信息查询网址（Certificate Information）：http://jndj.osta.org.cn/
机构信息查询网址（Assessment Information）：http://pjjg.osta.org.cn/

No.88888888

姓　　名：
Name
证件类型：
ID Type
证件号码：
ID No.
职业名称：
Occupation
工种/职业方向：
Job
职业技能等级：
Skill Level
证书编号：
Certificate No.

职业技能等级划分

五级/初级工

· 能够运用基本技能独立完成本职业的常规工作。

四级/中级工

· 能够熟练运用基本技能独立完成本职业的常规工作。
· 在特定情况下，能够运用专门技能完成技术较为复杂的工作。
· 能够与他人合作。

三级/高级工

· 能够熟练运用基本技能和专门技能完成本职业较为复杂的工作，包括完成部分非常规性的工作。
· 能够独立处理工作中出现的问题。
· 能够指导和培训初级工、中级工。

二级/技师

· 能够熟练运用专门技能和特殊技能完成本职业复杂的、非常规性的工作。
· 掌握本职业的关键技术技能，能够独立处理和解决技术或工艺难题。
· 在技术技能方面有创新。
· 能够指导和培训初级工、中级工、高级工。
· 具有一定的技术管理能力。

一级/高级技师

· 能够熟练运用专门技能和特殊技能在本职业的各个领域完成复杂的、非常规性的工作。
· 熟练掌握本职业的关键技术技能，能够独立处理和解决高难度的技术问题或工艺难题。
· 在技术攻关和工艺革新方面有创新。
· 能够组织开展技术改造、技术革新活动。
· 能够组织开展系统的专业技术培训。
· 具有技术管理能力。

人力资源社会保障部　国家发展改革委　财政部《关于深化技工院校改革　大力发展技工教育的意见》（人社部发〔2021〕30号）要点摘编

· 关于获取职业技能等级证书的渠道

在技工院校全面推行职业技能等级认定，鼓励学生积极获取相关职业资格证书或职业技能等级证书。

支持技工院校依托合作企业为学生提供职业技能等级认定服务。

鼓励技工院校学生通过参加各级各类职业技能竞赛，获得相关职业技能等级证书。

· 关于就业创业服务

加强技工院校与公共就业和人力资源服务机构、用人单位合作，共同组织开展招聘会、就业创业指导等多样化服务。

与农业社会相比，工业社会中技能人才的成才方式、活动方式与认定方式有着极大的不同。工业社会中的技能人才主要由官方颁布的标准认定，并趋于职业化、专业化、标准化。随着计算机、无线通信、互联网等知识密集型产业的迅速崛起，技能人才的作用也更加重要。技能人才，尤其是高技能人才不仅要熟练掌握一线岗位的专门知识和技术，具备精湛的操作技能，而且要善于在工作实践中解决关键技术和工艺的操作性难题，同时还应具有技术指导和组织管理能力，并进行技术攻关与创新创造。

王兴

北方重工集团有限公司汽车转向系统分厂操作工

“以前师傅让做啥就做啥，这周甚至都不知道下周要造啥。现在不仅要知道，还要提前学，琢磨怎样创新才能把活干得漂亮，将产品更快地推向客户，技能提升要能跟得上技术的快速迭代。”

马长好

沈鼓集团透平分公司转子车间数控车工

“一个工匠可不能只想着手头这摊活，还要胸中有整个车间，能够应对各种新来的活，即便不会也要马上学会干。”

沈阳造币有限公司造币三部维修钳工

“刚工作那会儿，我苦练‘人刀合一’，提高精度到0.005毫米。现如今，想得更多的是如何在技术迭代中成长。”

随着技术的发展与社会的进步，技能的范畴越来越广，很多技能工作也早已不是单一、刻板的模样，而是从基本技能中生发出一系列综合性的工作，这也提高了对技能工作者综合素质与整体能力的要求。近年来，政府出台了一系列关于技能人才培养与发展的利好政策，不断提高高技能人才的待遇与地位，进一步体现了党和国家对技能人才的重视。

探究与思考

技能与职业技能有何区别？分小组讨论，自己掌握了哪些技能，你想在未来从事什么职业，你将为之做哪些准备。

人力资源社会保障部《关于进一步加强高技能人才与专业技术人才职业发展贯通的实施意见》（人社部发〔2020〕96号）要点摘编

以支持高技能人才参加工程系列职称评审为工作重点，将贯通领域扩大为工程、农业、工艺美术、文物博物、实验技术、艺术、体育、技工院校教师等职称系列。

具备高级工以上职业资格或职业技能等级的技能人才，均可参加职称评审，不将学历、论文、外语、计算机等作为高技能人才参加职称评审的限制性条件。

高技能人才参加职称评审突出职业能力和工作业绩，注重评价科技成果转化应用、执行操作规程、解决生产难题、参与技术改造革新、工艺改进、传技带徒等方面的能力和贡献。

对为国家经济发展和重大战略实施作出突出贡献，具有绝招、绝技、绝活，并长期坚守在生产服务一线岗位工作的高技能领军人才，采取特殊评价办法，建立职称评审绿色通道。获得中华技能大奖、全国技术能手，担任国家级技能大师工作室带头人，享受省级以上政府特殊津贴的高技能人才，或各省（区、市）人民政府认定的“高精尖缺”高技能人才，可直接申报评审正高级或副高级职称。

技能与生活

技能的应用在日常生活中无处不在。一个人在生活技能方面的水平与能力影响着他的生活质量。例如，有的人擅长使用统计软件，对家庭日程、财务进行规划设计；有的人美妆水平很高，可以给自己化适合不同场合的妆容；有的人厨艺不一般，经常给家人烹饪美食。这只是不同技能在生活中的缩影，生活技能能够帮助人们解决日常生活中的问题，使生活更便捷、更健康，也有助于提升人们衣、食、住、行等方面的品质。

随着人民生活水平不断提高，社会分工不断细化，人们对生活的个性化需求更加多样，花艺师、宠物美容师、网约配送员、调饮师、商品展示设计师等新兴职业的从业者可以利用技能服务他人、美化生活、创造幸福，也能够不断提升自我并实现个人价值。

新潮的商品展示设计师

商品展示橱窗在城市商业街区比比皆是。商品展示设计是在有限的空间内最优化地展示商品，吸引尽可能多的消费者，同时也美化了环境。商品展示技术的实施也是一项综合性的技能，这背后也有专业技能工作者的身影。

商品展示技术简单说就是橱窗展示。看似简单，小橱窗里却藏着大学问。商品展示设计师要熟悉 100 多种材料和工具，要掌握平面设计、展示设计、空间设计、市场营销等专业知识。此外，商品展示设计师还要掌握很多展示时橱窗里看不见的技术，如背胶技术测点误差不能超过 2 毫米，切板不能有毛边，刷墙不能有“泪痕”。

罗丽萍是第 45 届世界技能大赛商品展示技术项目的银牌获得者，她初入社会时没有职业技能，做过生产线工人，也做过简单的检测等工作。后来她果断选择回学校学习技能，之后凭着专业优势成为商品展示技术项目选手并获奖。从工厂一线到世界赛场，罗丽萍早早地体会到了生活的不易，也付出了极为艰辛的努力。“我觉得商品展示设计最神奇和最有魅力的地方就是能将自己的构思方案通过现场实操展示出来。”罗丽萍介绍说。

比赛获奖后，她的生活有了很大改善，家庭也实现了脱贫。罗丽萍说：“在我看来，技能是一把钥匙，握住了这把钥匙，就可以开启美好的未来。”

科学技术的进步与发展改变了世界，推动了人类社会不断向前，让人们生活的世界更加丰富多彩。技术创新让生活更美好，同时，新技术的应用也对人们提出了更高的要求。

党的十九届五中全会明确提出，要努力提升全民数字技能，实现信息服务全覆盖，切实提高人民的数字获取技能、数字交流技能、数字消费技能、数字安全技能与数字健康技能。

人们只要在工作与生活中充分启迪智慧并大胆创造，就能把技能学习转化成改造生活、改变人生的动力。

知识链接

智能新技术

随着科学技术的快速发展，以互联网、大数据、云计算、人工智能、区块链、物联网等为代表的新知识、新技术、新工艺、新方法不断涌现，“互联网+”不仅催生了技术创新、产品创新，还带动了商业模式、服务模式、运营模式、盈利模式等的创新，人类社会的发展进入了数字化信息时代。

智能手机从发明到普及用了不到10年，微信从出现到普及用了3年。数字化技术手段把整个现实世界转换成一个数学世界并可以清晰准确地进行分析、管理，这些技术对生活服务领域进行了覆盖，用手机完成购物、挂号就医、缴费理赔等日常活动已经成为人们生活的常态。

生活中，技能的进阶随着社会的发展进步不断拓展，紧跟时代的脚步是我们必须的选择。为了更好地服务个人与社会，对科技进步与终身学习秉持开放与积极的态度是我们每个技能学子、每位社会人正确的选择。

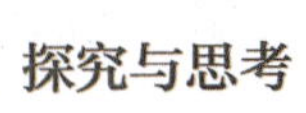

探究与思考

说一说你掌握什么样的生活小技能，这些技能为你的生活带来了哪些便利，上讲台跟同学们分享一下吧。

第二课 身边的榜样

大力弘扬劳模精神、劳动精神、工匠精神，激励更多劳动者特别是青年一代走技能成才、技能报国之路。

——习近平

* 梦想的引领之外，榜样的鼓舞同样能为我们增添强大的奋斗动力。
* 学习劳动模范和大国工匠的事迹，我们可以更加深入地理解劳模精神、劳动精神、工匠精神。
* 让我们一起努力，争取有朝一日和榜样比肩而立！

功崇惟志，业广惟勤。榜样是历史长河中闪耀的星辰。我们学习技能的过程，也是不断历练、积累力量的过程。在技能学习、成长成才的道路上，除了老师的教导、家长的鼓励外，还需要汲取精神滋养，保持昂扬斗志。在劳动模范和大国工匠的精彩事迹中，我们可以细细品味劳模精神、劳动精神、工匠精神的内涵与力量。

劳模的丰碑

在我们身边，有一个普通而又特殊的群体，他们朴实无华、默默奉献，却又坚毅高大、光芒万丈，他们岗位平凡、工作普通，却又业绩不凡、创造伟大，他们就是劳动模范。

知识链接

劳动模范，简称劳模，是在社会主义现代化建设事业中作出突出贡献的劳动者所获得的荣誉称号。劳动模范是民族的精英、人民的楷模、共和国的功臣。“全国劳动模范”称号由中共中央、国务院授予。

全国劳动模范奖章

新中国成立70多年来，以劳动模范为杰出代表的工人阶级和广大劳动者积极投身于社会主义革命、建设、改革的伟大事业，他们在自己平凡的岗位上干出了不平凡的业绩，用自己勤劳的双手和不懈的奋斗绘就了多彩人生，他们的精神激励着一代又一代劳动者与祖国同成长、与时代齐奋进。劳动模范身上反映出来的“爱岗敬业、争创一流，艰苦奋斗、勇于创新，淡泊名利、甘于奉献”的宝贵品质，就是劳模精神。

党的十八大以来，习近平总书记始终关心劳动模范、关爱劳动者，多次在重要会议、重要场合围绕崇尚劳动、热爱劳动、充分发挥劳动模范示范引领作用等发表重要讲话，勉励劳动模范和广大劳动者，礼赞劳动创造，讴歌劳动精神。

习近平总书记关于劳动模范、劳模精神的重要论述

希望广大劳动群众大力弘扬劳模精神、劳动精神、工匠精神，勤于创造、勇于奋斗，更好发挥主力军作用，满怀信心投身全面建设社会主义现代化国家、实现中华民族伟大复兴中国梦的伟大事业。

——2021 年 4 月 30 日，在五一国际劳动节到来之际，向全国广大劳动群众致以节日的祝贺和诚挚的慰问

劳动最光荣、劳动最崇高、劳动最伟大、劳动最美丽。全社会都应该尊敬劳动模范、弘扬劳模精神，让诚实劳动、勤勉工作蔚然成风。

——2018年4月30日，给中国劳动关系学院劳模本科班学员的回信

广大企业职工要增强新时代工人阶级的自豪感和使命感，爱岗敬业、拼搏奉献，大力弘扬劳模精神和工匠精神，在为实现中国梦的奋斗中争取人人出彩。

——2017年12月12日，在江苏省徐州市考察时的讲话

要为劳动模范更好施展才华、展现精神品格提供全方位支持，使他们的劳动技能、创新方法、管理经验能广泛传播，充分发挥示范带动作用。

——2016年4月26日，在知识分子、劳动模范、青年代表座谈会上的讲话

劳动模范和先进工作者是坚持中国道路、弘扬中国精神、凝聚中国力量的楷模，他们以高度的主人翁责任感、卓越的劳动创造、忘我的拼搏奉献，为全国各族人民树立了学习的榜样。

——2015 年 4 月 28 日，在庆祝五一国际劳动节暨表彰全国劳动模范和先进工作者大会上的讲话

新中国成立初期，百废待兴，生产竞赛和增产节约掀起了社会主义劳动竞赛的高潮。在发明了“万能工具胎”的王崇伦、研制出三尖七刃麻花钻的倪志福等一批劳动模范的示范、带领下，广大职工互帮互学、攻克技术难关。20 世纪 60 年代，涌现出时传祥、王进喜等一大批家喻户晓的劳动模范代表。为甩掉中国贫油落后的帽子，“铁人”王进喜用血肉之躯同困难搏斗，向人类的生命极限挑战，充分展示了在困难多、条件差、环境恶劣的情况下，劳动者不畏困苦的斗志、坚韧不拔的毅力。“铁人精神”“大庆精神”也成为激励全国人民意气风发投身社会主义建设的强大精神力量。

改革开放以来，广大劳动者用一代又一代的接力拼搏，创造了一个又一个的劳动奇迹，为社会主义现代化建设作出了突出的贡献。“抓斗大王”包起帆、“新时代雷锋”徐虎、“马班邮路”王顺友、“改革先锋”郭明义等一大批劳动模范，将自己的理想与脚踏实地干好本职工作紧密结合，热爱事业、珍惜岗位、兢兢业业、任劳任怨，在平凡的岗位上创造了不平凡的业绩，用劳动奏响昂扬的时代主旋律。他们用自己的成长历程诠释了奋斗成就梦想，也展现了中国工人的伟大力量。

王进喜
中新社记者摄

王顺友
新华社记者摄

在不同的时代，各行各业都闪耀着劳动模范的身影，他们以中国人的勤劳、朴实，以自己的坚持、坚守和坚定脱颖而出，铸就了不平凡的人生，奏响了时代的劳动者之歌。他们是永不褪色的时代记忆，发挥着榜样的示范作用、激励作用和引导作用。进入新时代，中国人民继续用智慧和汗水营造劳动光荣、知识崇高、人才宝贵、创造伟大的社会风尚，谱写着“中国梦 · 劳动美”的新篇章。

郭明义
中新社记者摄

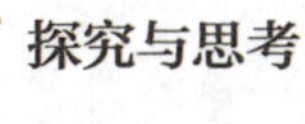
探究与思考

劳模精神是一种什么样的精神？你身边有哪些人具备劳模精神，和同学们分享他们的故事。

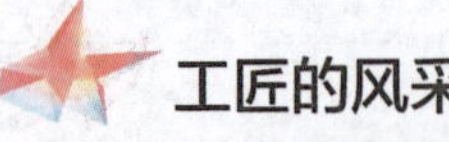

工匠的风采

“匠”古时指木工，随着人类社会的发展，“匠”的含义拓展至从事技艺的劳动者。工匠貌似平凡，却成就不凡。在经年累月的磨炼中，他们掌握了绝妙的巅峰技术，打造出一件件巧夺天工的经典作品，同时，也铸就了闪耀着璀璨光芒的独特精神品质——工匠精神。工匠精神是指执着专注、精益求精、一丝不苟、追求卓越的综合职业素养和精神品质。

工匠精神在我国历史悠久，从孕育产生到发展传承，经历了漫长的演变过程。我国历史上有无数值得赞美的创造发明和重大工程：引以为傲的四大发明、名扬天下的丝织品、具有极大实用价值和审美价值的陶瓷，以及举世闻名的敦煌莫高窟等。中华文明对精益求精的追求与推崇从未停歇，中华大地从不乏技艺超群的卓越工匠。

纤毫毕现　传续经典

《清明上河图》在我国绘画史上有多个版本。各种版本的《清明上河图》，各自绘制了成百上千的人物，以及数量庞大的牲畜、房屋、船舶等各类事物。观看画卷，会让人眼花缭乱、叹为观止。

有一位匠人历时 4 年，将宋代版和清代版的《清明上河图》放在一起，并创造了吉尼斯世界纪录——最长木雕作品。这件木雕作品长 12.286 米，高 3.075 米，宽 2.401 米。整幅作品采用镂空雕、透雕、浮雕等雕刻技法，一面是宋代的版本，另一面是清代的版本。整个作品繁而不杂，层次分明，人物的喧闹声、行船声和流水声都仿佛近在耳畔，堪称奇迹。创造奇迹的人叫郑春辉。他从 16 岁开始学习木雕工艺，经过数十年的积累与坚持，才拥有如此精湛的技艺。

新华社记者摄

2009 年，郑春辉偶然发现了一块巨大的香樟木，看到它的那一刻，在郑春辉脑海里闪现的就是用它来创作传世经典《清明上河图》。为了充分利用巨木，他把原画的长度放大了 1 倍，高度放大了 6 倍。2 275 个人物，每个大约一寸高，至少需要雕刻 100 多刀。整整 4 年时间，正反两面各雕一幅《清明上河图》的木雕作品才最终完成。

30 多年来，郑春辉凭着手中的一把刻刀，传承着先人的经典之作，也刻画着祖国的大好河山，为时代留下一件件传世之作。

新华社记者摄

在科技飞速进步的时代，工匠精神作为一种优秀的职业文化，它的传承和发展既契合了社会发展的需要，又具有重要而深远的文化意义。

在实现中华民族伟大复兴中国梦的新征程中，不仅需要大批科学技术专家，而且也需要千千万万个能工巧匠。今日的大国工匠就是我国高技能人才队伍的杰出代表，是产业工人中的先进分子，是技术工人学习的楷模。

新时代好工匠

在制造业高质量发展的今天，我们该怎样当一名优秀的技术工人？江苏恒力制动器集团首席高级技师、维修电工班班长黄俊给出了闪亮的答案：锻造好产品，带出好团队，创出好效益。

2000 年，黄俊来到江苏恒力制动器集团做了一名维修电工。他平时话语不多，接到任务后就埋头干活，工作任劳任怨，总是能出色地完成领导交办的任务。

工作之余，他牺牲大部分休息时间，自学企业机械设备的操作和维修知识，泡图书馆查阅资料，研究各种前沿机械技术。2013 年，黄俊和靖江市科协专家一道设计制造的全自动绕线机取得国家实用新型专利，填补了国内空白。他还和当地学校的老师进行校企合作，设计制造了

全自动钢带剪切机，取得了国家实用新型专利，每台设备每年可以为企业节约成本20多万元。

2014年，以黄俊为首的技师创新工作室和技能大师工作室成立。黄俊充分发挥劳动模范的先锋模范作用，牺牲了许多休息时间，对工作室成员进行传帮带。从进入工作室开始，黄俊就和成员签订“师徒合同”，不遗余力地带领徒弟掌握新技能。在黄俊的影响下，工作室形成了学习技术、钻研创新的良好氛围。据不完全统计，工作室成立以来，黄俊带领工友们为企业创造了数千万元的经济效益。

我们要大力弘扬工匠精神，为实施创新驱动发展战略、推动产业转型升级提供技能人才支撑。学习工匠精神要落在具体行动上。对每一位技能劳动者而言，工匠精神有助于树立起对职业敬畏、对工作执着、对产品负责的态度，从而将一丝不苟、精益求精的精神融入每一个工作环节，在本职岗位上实现自我价值，进而为社会发展贡献自己的力量。

探究与思考

匠 [卷十二] [匚部] 匠
木工也。从匚从斤。斤，所以作器也。

上面是《说文解字》中对“匠”的解释，你从中得到什么启发？工匠精神是一种什么精神？你觉得作为学生的我们，可以从哪些方面培养工匠精神？

奖牌的味道

在技能学子身边有许多年轻的榜样，他们是一大批在各类技能竞赛中挥洒汗水取得佳绩的技能选手们，他们在竞赛中摘金夺银，在赛场上青春飞扬。

登上世界之巅

19岁登上世界技能大赛最高领奖台，成为首位获得“阿尔伯特·维达”大奖的中国人，21岁荣获中国青年五四奖章，成为新生代工匠中的佼佼者……新生代的能量有多强劲？敢拼能闯的青春又潜藏多少发光的可能？宋彪给出了令人赞叹的答案。

2017年10月，第44届世界技能大赛在阿联酋阿布扎比举行。中国选手宋彪获得工业机械装调项目金牌，并从来自68个成员国和地区的1 260余名参赛选手中脱颖而出，以779分获得了“阿尔伯特·维达”大奖。这个奖项是以世界技能组织创始人的名字命名的，用于奖励每一届世界技能大赛所有参赛项目中得分最高的金牌选手，专业分量可想而知。宋彪是第一位赢得这项荣誉的中国选手。

宋彪来自安徽蚌埠农村。进入江苏省常州技师学院学习后，他总是利用课余时间请教专业课老师，把课堂听不懂的专业知识一一搞懂。经过一个学期的努力，他越来越自信，也逐渐发现自己动手能力较强，他常常守在车间琢磨产品设计。2015年10月，学院组建世界技能大赛特训班，宋彪有幸成为其中的一名学员。这是他与世界技能大赛接触的起点。经过不懈努力，宋彪披荆斩棘，在此后的省级、全国选拔赛中一路晋级。

工业机械装调是现代智能制造的重要环节，在有“世界技能奥林匹克”之称的世界技能大赛中，也被

认为是对选手能力挑战极大的项目。

在一年多的备赛时间里，宋彪的勤奋不断带给教练惊喜。教练每天布置的训练任务是 8～10 个小时，而宋彪每天还给自己多加 2 个小时的训练量。夏天，他更是顶住 40 摄氏度的高温坚持在车间训练。

工业机械装调项目比赛分 4 天进行，累计比赛时间 21 个小时，设置了多个比赛模块，最主要的任务是要完成一台脚踏式净水器的制作、装配和调试。前三天的比赛，宋彪完成得很顺利。最后一天，比赛时间是 3 个小时，他遇到了意想不到的麻烦。由于裁判计算错误，比赛开始前，宋彪被告知要扣除半小时比赛时间，他只能坐在一旁眼睁睁看着其他选手先开始安装调试。

虽然比别的选手晚半小时开始，但宋彪凭借扎实的基本功和高超的装配技能第一个完成了比赛，最后获得了 85.18 分的高分。谁也没有想到，这会是所有 1 260 余名选手中的最高分。“在领完奖走出闭幕式会场之后，我们一个团队紧紧抱在一起，我们的项目翻译李老师都激动得哭了。”赛后，宋彪感慨地说。

· 原来人生还有这样一种方式，拥有精湛的技能，一样可以让生命熠熠生辉。

从宋彪的故事中，你能品味出奖牌是什么味道吗？

奖牌的味道一定是味感丰富醇厚，值得细细品味的。那是因为奖牌味道中含有追逐梦想、美梦成真的底料，经历了挥洒汗水、奋力拼搏的熬制，散发出直面困难、攀登高峰的胜利馨香。

奖牌的味道里一定有成功的甜味。正如第 44 届世界技能大赛工业控制项目冠军袁强所说：“有失败的痛苦，也有胜利的喜悦；有百思不得其解的失落，也有突破技术难点的兴奋。”最重要的是，从一个中考落榜生到世界冠军，技能让他获得了自信。在世界级的舞台上夺得耀眼瞩目的冠军头衔，是千万人梦寐以求的成功，这种巨大成功的喜悦比蜜还甜。

奖牌的味道里还洋溢着创造的美味。冠军的获得与创作出来的作品密切相关，冠军的作品是极致的美，作品的产生过程更是美的艺术创造。第 44 届世界技能大赛时装技术项目冠军胡萍说：“设计和制作服装的过程，就是一个艺术创作的过程。设计稿上的每一笔线条、每一种颜料，打版时的每一个公式、每一项数据，缝纫机上缉缝的每一条线迹，对我来说，都是一种非常美妙的创作。”技能宝贵、创造伟大，勇做时代的弄潮儿，在实现中国梦的生动实践中放飞青春梦想。技能少年披荆斩棘的身影是美的，创作的作品也是美的，奖牌的味道更是美的。

奖牌的味道里还有丰收的香味。冠军不仅是一种荣誉，还会带来更多实实在在的改变。第 44 届世界技能大赛焊接项目冠军宁显海说：“学一门技能代表希望，会让梦想成真。”他走出了凉山彝族自治州大山深处的贫困村，走上了世界技能最高领奖台，实现了用技能改变命运的梦想。第 43 届世界技能大赛制造团队挑战

第 44 届世界技能大赛焊接项目金牌获得者宁显海

赛项目金牌获得者钟世雄赛后被母校广东省机械技师学院聘为高级技师，并享受副教授待遇。这种丰收的味道是职业成长的香甜啊！

榜样的形象鲜活生动，远大理想、优良品格在他们的事迹中一一展现。他们用行动证明，只要有坚定的理想信念，不懈的奋斗精神，脚踏实地把每件平凡的事做好，平凡的岗位也可以拥有精彩的人生，平凡的工作也可以取得不平凡的成就。成功并非高不可攀，从平凡走向伟大的路就在脚下。见贤思齐，像榜样一样坚守和奋斗，人人都能在追梦新征程上为实现个人价值、为社会进步与国家富强作出积极贡献。

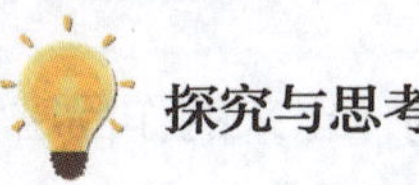

探究与思考

请问在奖牌的味道里，除了成功的甜味、创造的美味、丰收的香味，还会有哪些味道？结合自身或者他人的经历，说说自己的想法，并填空完成下面的句子。

奖牌的味道里除了成功的甜味、创造的美味、丰收的香味，也饱含了__________的苦味、__________的酸味、__________的咸味，因为____。

拓展实践活动

我的能力我探索

一、活动主题

我的能力我探索。

二、活动宗旨

通过本次活动，完成对自己专业能力和通用能力的评估，客观认识自己与未来岗位所需能力的差距，找到自我努力的方向。

三、活动时间

班会课。

四、活动实施

1. 自我能力的认识

首先，让自己想想看："我会做哪些事情？"请用 8 个陈述句来描述自己的能力。只要是自己会做的，请全部写出来。例如："我能和别人相处得很好"或"我能操作计算机"等。

我会做哪些事情？	
我能	
我能	
我能	
我能	
我能	
我能	
我能	
我能	

2. 自我能力的评价

通过前面的分析，你是否发现你其实已具备了许多能力，可是很多时候却忽略了它们的存在及价值。因此，接下来，我们将更仔细地思考自己各方面能力的发展情况，并衡量其大小和水平，给予自己尽可能准确的评价。

（1）以 5 表示某项能力“非常好”，大约超过 80% 的人。

（2）以 4 表示某项能力“很好”，大约超过 70% 的人。

（3）以 3 表示某项能力“还可以”，大约超过 50% 的人。

（4）以 2 表示某项能力“不太好”，大约超过 30% 的人。

（5）以 1 表示某项能力“较差”，大约超过 5% 的人。

请根据自己各项能力的实际表现打分。

3. 自我能力的挑战

选取与未来从事职业密切相关的一种自我能力，设计能力提升计划。如果可以实践，请拍摄成短视频或者做成 PPT，与全班同学分享自己的心得体会。

·第二单元·

技行天下　能创未来

技能在身，行走天涯，美好的未来就在前方。

通过本单元的学习，我们坚信钻研技能可以让技能学子们成为专业领域的行家里手，获得更广阔的发展空间，在成就自我的同时实现技能报国。

第一课
行行出状元

任何一名劳动者，要想在百舸争流、千帆竞发的洪流中勇立潮头，在不进则退、不强则弱的竞争中赢得优势，在报效祖国、服务人民的人生中有所作为，就要孜孜不倦学习、勤勉奋发干事。

——习近平

* 立足岗位、勤练本领，技能人才也可以成为状元郎。
* 近年来不断有新职业涌现。
* 行业状元们的身上都有着跨越时代的宝贵品质。

不论身处哪个行业，从事哪种职业，只要热爱本职工作，持之以恒地努力拼搏，就能取得优异的成绩，就有可能成为业内状元。年轻的技能学子应树立专业意识、精通专业技能，主动向身边榜样与行业标杆看齐，一往无前、久久为功，用自己的汗水与坚持练就卓越技艺，用收获与业绩定义别样青春。

加快培养国家发展急需的各类技术技能人才，让更多青年凭借一技之长实现人生价值，让三百六十行人才荟萃、繁星璀璨。

——2019年国务院《政府工作报告》

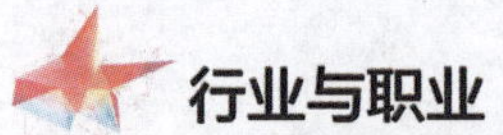

行业与职业

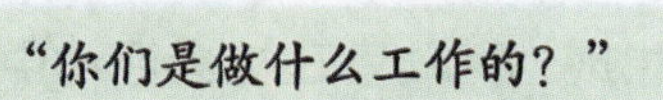

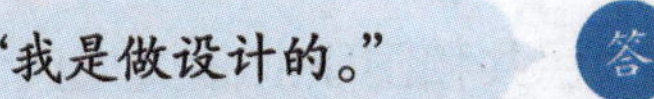

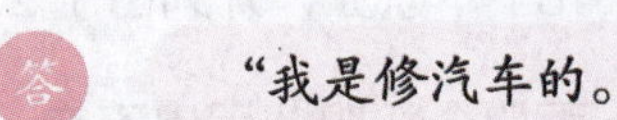

1. 什么是行业？

根据《国民经济行业分类》（GB/T 4754—2017）的定义，行业是指从事相同性质的经济活动的所有单位的集合。我国国民经济行业分类包括 20 个门类、97 个大类。

2. 什么是职业？

随着社会发展与时代进步，人类在长期的生产活动中产生了劳动分工。职业是劳动分工的产物，也成为劳动者在社会活动中获取生活来源、实现自身价值的依托。职业是指从业人员为获取主要生活来源所从事的社会工作类别。《中华人民共和国职业分类大典（2015 年版）》中的职业分类体系有 8 个大类、75 个中类、434 个小类、1 481 个职业，并列出了 2 670 个工种。

过去，人们常说“三百六十行”，而如今新职业层出不穷、日新月异，职业的种类远不止“三百六十行”。《中华人民共和国职业分类大典（2015 年版）》颁布以来，人力资源社会保障部等部门在 2019 年、2020 年、2021 年分 4 个批次发布了 56 个新职业。新职业的出现，一方面与技术革新关系密切，另一方面又推动相关行业加速转型升级。比如，随着人们对健康问题的日益重视，健康照护师、出生缺陷防控咨询师、呼吸治疗师等新职业有了用武之地。又如，各类电商迅猛发展，对餐饮、生鲜、药品等网约配送员也持续产生需求。下面，就让我们了解一些新职业的有关信息。

新职业信息

批次	名称
2019 年 4 月（第一批，13 个职业）	人工智能工程技术人员、物联网工程技术人员、大数据工程技术人员、云计算工程技术人员、数字化管理师、建筑信息模型技术员、电子竞技运营师、电子竞技员、无人机驾驶员、农业经理人、物联网安装调试员、工业机器人系统操作员、工业机器人系统运维员
2020 年 2 月（第二批，16 个职业）	智能制造工程技术人员、工业互联网工程技术人员、虚拟现实工程技术人员、连锁经营管理师、供应链管理师、网约配送员、人工智能训练师、电气电子产品环保检测员、全媒体运营师、健康照护师、呼吸治疗师、出生缺陷防控咨询师、康复辅助技术咨询师、无人机装调检修工、铁路综合维修工、装配式建筑施工员
2020 年 7 月（第三批，9 个职业）	区块链工程技术人员、城市管理网格员、互联网营销师、信息安全测试员、区块链应用操作员、在线学习服务师、社群健康助理员、老年人能力评估师、增材制造设备操作员
2021 年 3 月（第四批，18 个职业）	集成电路工程技术人员、企业合规师、公司金融顾问、易货师、二手车经纪人、汽车救援员、调饮师、食品安全管理师、服务机器人应用技术员、电子数据取证分析师、职业培训师、密码技术应用员、建筑幕墙设计师、碳排放管理员、管廊运维员、酒体设计师、智能硬件装调员、工业视觉系统运维员

随着自动控制技术，尤其是智能控制技术的发展，重复性的体力和脑力工作不断被机器代替，在机器人系统集成、机器人应用等领域，出现了大量新增的人才需求。未来，会有更多的新职业出现，服务于智能化平台，促进传统产业与先进技术的融合。新一代技能人才不仅要掌握当前的知识和技能，还要不断学习新知识、新技能，尤其是与智能化相关的知识和技能，并通过运用这些知识和技能，适应智能产业的发展。无人机装调检修工这个新职业的出现，就是上述趋势的生动体现。

无人机行业的装调检修工

随着科学技术的发展，近年来无人机逐渐从军事领域向民用领域延伸。它的兴起体现了技术革新助力传统产业转型。在疫情防控、安全巡逻、电力巡检、物流配送、地理测绘、植物保护和商业典礼等诸多领域，无人机市场不断扩大，应用领域细分程度越来越高，创造了大量的工作岗位。经过专业培训，熟练操作无人机各种机型或掌握设备装配、调试的技能人才，将会成为未来无人机服务行业的香饽饽。

2020 年 2 月，“无人机装调检修工”正式成为新职业，近百万

名无人机装调检修从业人员的职业归属正式登上历史舞台。在2020 年 11 月举办的全国人工智能应用技术技能大赛上，无人机装调检修（飞行器人工智能技术应用）就被列为重要赛项之一。

探究与思考

你目前所学的是什么专业？上网查询该专业的就业前景如何。设想一下，以后自己可能进入哪个行业，会从事怎样的工作。说说自己对未来的设想。

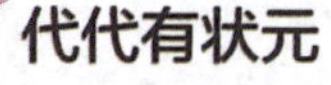

代代有状元

不论在什么时期，只要我们秉持坚定的职业信念，脚踏实地，辛勤劳动，执着坚韧，忘我付出，在平凡岗位上也能取得了不起的成绩。

淘粪工人时传祥、固废物流汽车驾驶员孙志宝都是环卫工作者，相隔数十年，都被评选为全国劳动模范，都是行业内的状元郎。

时传祥出身于贫苦农民家庭。在他所处的时代，大多数工作还要人力完成，然而他不怕苦累，不顾浑身异味，每天背粪近百桶，还义务帮助群众修缮墙头、厕所。

今天，城市环卫设施已经发生了翻天覆地的变化，早已不再需要环卫工人背着粪桶挨家挨户去淘粪了。1995 年，孙志宝从承德市农业机械化技术学校毕业，来到原北京市清洁车辆四厂，成了一名清运车辆司机。他多年如一日，每天都开车把辖区内每一间公共厕所清理干净。他利用工余时间不断提高汽车维修技术，成为技术能手。

时传祥　新华社记者摄

男，1915 年出生。

生前系北京市崇文区（今属东城区）清洁队“青年班”班长。

对整个清淘区的情况了如指掌，百十斤重的粪桶每天要背近百桶。干工作从不分分内分外，见墙头倒塌了就主动砌好，见厕所没挖坑，带上工具就给挖好。带出了思想过硬、业务一流的青年班。

第三届全国人大代表，荣获“全国劳动模范”等荣誉称号。2009 年当选 100 位新中国成立以来感动中国人物。

孙志宝

男，1976 年出生。

北京环卫集团固废物流有限公司清运三中心汽车驾驶员。

始终坚守在作业一线，每天开着抽粪车穿行在首都的大街小巷，把辖区内每一间公共厕所清理干净，保证居民的正常生活。工余时间参加汽车运用与维修专业培训，积累了丰富的汽车知识和经验，练就了娴熟的修车技艺，成为单位“移动的修理工”。

荣获“北京市劳动模范”“全国劳动模范”等荣誉称号。

从时传祥到孙志宝，他们都身处环卫行业的普通岗位，但他们都以持久饱满的劳动热情、爱岗敬业的职业道德、甘于奉献的精神品质，赢得了全社会的肯定与褒奖。这些宝贵品质是他们成为行业状元的根本。

营销领域也有两位状元。他们“火爆”的时期也相隔了数十年：一位是20世纪六七十年代闻名遐迩的北京市百货大楼售货员张秉贵，另外一位是近年来业绩突出的南京新街口百货商店高级营业员吕雪瑾。

张秉贵在新中国成立前当过童工，从1959年开始，他长期在北京市百货大楼糖果柜台任职。当年的北京市百货大楼被誉为“新中国第一店”，客流量很大。那个年代电子秤、计算器等设备还没有普及，购买物品通常要排长队。张秉贵看到这种情况，便下决心练就“一抓准”“一口清”技艺。“一抓准”是指他一把就能抓准顾客所需散装糖果的分量；“一口清”是指即便顾客买糖果的需求比较复杂，他也能一边称重一边心算，经常是顾客要买多少的话音刚落，他就报出了应付的钱数。后来张秉贵又发明了“接一问二联系三”的工作方法，即在接待第一位顾客时，便问第二位顾客买什么，同时和第三位顾客打好招呼，做好准备。通过张秉贵的努力，他接待一位顾客的平均时间从三四分钟减为一分钟。张秉贵30多年接待顾客近400万人次，没跟谁红过脸、吵过嘴，人们

新华社记者摄

张秉贵

1918年出生，北京人，生前系北京市百货大楼售货员。

练就“一抓准”“一口清”技艺，发明了“接一问二联系三”的工作方法，提出“心有一团火，温暖顾客心”的口号。

30多年的时间接待顾客近400万人次，没有跟顾客红过脸、吵过嘴，没有怠慢过任何一个人。

党的十一大代表，第五届、第六届全国人大代表，荣获“全国劳动模范”荣誉称号。2009年当选100位新中国成立以来感动中国人物。

吕雪瑾

1978 年出生，南京新街口百货商店高级营业员。

练就“眼看手触一口准”和“四心五勤工作法”的过硬本领；充分发挥“老字号商业信誉 + 劳模品牌资源 + 场景化休闲购物体验”线上销售与实体店线下营销互融的服务机制。

善于结合流行趋势，根据顾客双脚的生理特点、个人气质、年龄层次、服饰搭配和穿着场合，有的放矢地推荐适合的款式。所在柜台连续 3 年获得该品牌全市销售状元，年业绩占该品牌全市总额的 40%。

荣获全国五一劳动奖章和“全国劳动模范”等荣誉称号。

把他服务顾客的场景称为“燕京第九景”。

1997 年，19 岁的吕雪瑾从学校毕业，来到南京新街口百货商店精品女鞋柜台做营业员。初来乍到的吕雪瑾，要面对岗位训练的多重考验，“跑断腿、磨破嘴”，偶尔还要面对顾客的不领情。与她一起上岗的姐妹很多都选择了离开，而吕雪瑾坚持了下来。她自费到生产厂家当学徒，跟着医生学习人体脚部知识。

一分耕耘，一分收获。在营业员岗位，吕雪瑾所在的柜台销售额以年递增 10% 的速度增长，连续 3 年获得该品牌全市销售状元。凭借出色业绩和良好口碑，她迅速成长为商贸零售行业领域的专家型营业员。

随着电商营销模式的盛行，吕雪瑾充分利用南京新街口百货商店“老字号商业信誉 + 劳模品牌资源 + 场景化休闲购物体验”线上销售与实体店线下营销互融的服务机制，定期推送专业商品知识和商品信息，使顾客享受足不出户的一条龙服务。吕雪瑾也成为网络服务的弄潮儿。

· 让每一双脚找到合适的鞋，让每一位顾客都可以从我的服务中感受到快乐。

探究与思考

三百六十行，行行出状元。各行各业的杰出人才，在各自平凡的岗位上、在各自所属的行业里，把工作做到了极致。请和同学讨论：这些人的身上都有哪些共同的品质？你觉得自己具有哪些优秀的品质？还需要做哪些努力？

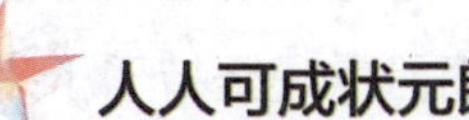

人人可成状元郎

改革开放 40 多年来，我们的物质生活和精神生活极大丰富，社会生活和时代风貌也有了很大改变，这一切是一代代国人努力拼搏、苦干实干的结果。这其中，技能人才以勤俭、奋斗、创新、奉献的优秀品质，在自己的工作中贡献出了聪明才智，成为行业里的佼佼者。

养老护理能手

“养老护理是一份技术活，也是一份良心活。”这是黄琴对自己数十年护理工作的总结，“要做好这份工作，其实并不简单。现代养老护理涉及护理学、心理学、营养学、康复学等多门学科，每一项护理操作都要有规范流程和人文关怀。”

1992年，18岁的黄琴入职上海市第二社会福利院。她至今还清楚地记得刚开始照顾孤残人员时的彷徨不安。黄琴努力说服自己、鼓励自己，凭着吃苦耐劳、勤快能干的品质，很快就成了福利院的骨干。

2003年，黄琴进入上海市第三社会福利院，工作压力陡增：失能老人需要护理员全方位的照料，老人的饮食起居、康复护理以及居室、个人卫生等方方面面都要照顾到。她开始针对不同的护理需求创新护理方法，设计发明了输液保护用具、偏瘫老人助步鞋、手指分隔握力器、床护栏保护软垫等养老护理用具并在全院推广，为老人提供了优质的服务。

2014年，上海市第三社会福利院成立了“黄琴技能大师工作室”，黄琴成了工作室的领头羊。在黄琴的带领下，工作室不断汲取现代护理理论和前沿技术的养分。2016年，工作室在原来生活护理实操培训的基础上，又融入“全人照护”的现代护理新理念、新思路，让老年护理真正上升为一种人文关怀。

2018年，凭着在养老护理中的实绩，黄琴荣获了全国五一劳动奖章、上海工匠等荣誉。

电焊“花木兰”

“电焊工”“劳动模范”，当说到这两个词的时候，大多数人会在脑海中勾勒出一位男性形象，很难将这两个词和易冉这样一位一脸腼腆、看上去略显柔弱的女士联系在一起。而实际上，易冉已经做了20多年的电焊工，累计焊出了8万辆新型重载高速铁路货车，并且质量全优。这位“80后”电焊“花木兰”已是国际焊接技师、高级工程师、中车

首席技能专家，也是全国劳动模范、工匠人才创新工作室领衔人。

参加工作头3年，易冉凭借其纯熟的电焊技艺在工厂完成了从“技术铜星”“技术银星”到“技术金星”的三连跳，是工厂设立该奖项20年来用时最短“跑完全程”的选手。26岁时，她一举成为中国中车最年轻的高级电焊技师。易冉还掌握了国际通用的焊接标准，摸索出一系列具有国际先进水平的焊接技巧。2011年，在德国举行的“嘉克－LVM杯”国际焊接大赛上，易冉技惊四座，折服了在场所有专家和焊接高手，一举斩获赛场最高奖项“特别奖”，成为备受赞誉的“国际焊工”。

· 刚开始工作有顺利和不顺利的时候，那时候电焊基本功不是特别扎实，参加了比赛幸运得奖，但是实际上功力并未真正达到很高的程度，因此有时会听到别人的非议，心里很难受，会哭。

· 刚工作的年轻人首先还是要端正态度，能够吃苦，学到了东西才是最重要的，不要在乎眼前的利益，学到了东西就是你自己的资本。

· 在德国比赛的时候，所有的选手里面就只有我一个是女焊工，他们都很惊讶，当我跟他们说我们这边还有很多女焊工的时候，他们都觉得在他们那里这是不可思议的事情。比赛后的环节是让比赛选手上台选奖品，所有的选手都选完之后，主持人宣布，他们专门为我准备了一份大奖，就是一个焊接用的变光面罩，还有一台小型的焊机。因为在他们那里是没有女焊工的，所以特意为我准备了这份礼物。

让面包有“灵魂”的烘焙师

钟保根从上海市贸易学校毕业后，入职酵母生产企业，跟随经理兼教练陈玉翔开始了技能研发，多次参加国内比赛并获奖。

2020 年 12 月，他参加了第一届全国职业技能大赛。三天的赛程，最紧张的当数第二天，他需要在 7.5 小时内按数量制作出 7 款不同种类的面包，约 120 个面包和一个组合作品，吐司、法式长棍、碱水包、丹麦面包、三明治等应有尽有。在制作特色面包时，他使用了上海崇明特色金瓜作为馅料，外面做成上海特色小笼包的造型。最后的艺术造型面包高度超过 1 米，结合此次艺术面包的主题“绿水青山就是金山银山”，钟保根和教练一起对造型进行了设计：一位正在直播带货的农民、一条高速公路、片片农田，寓意农民的生活越来越好。

教练陈玉翔说：“像钟保根这样的年轻人，有创意、肯学习。他们这一代人，一定更能推动这个行业的发展。”

钟保根自己说：“面包是‘活’的，是有灵魂的。每个面包师对面包的理解都不一样，要做出美味的面包，需要面包师对生活充满热情。”而他，就是一个对生活充满希冀的人。

钟保根说

· 未来，我可能会开一家属于自己的面包店。

黄琴、易冉、钟保根，他们每个人的兴趣爱好、成才道路虽不相同，但他们都从自身实际情况出发，选择了适合自己的职业和岗位，勤学习、善思考、多实践，创造了价值，最终走向了成功，实现了自己的梦想。技能学子们的天赋各不相同，只要持之以恒地努力前行，就一定能够成为拥有一技之长的技能人才！

探究与思考

上网查阅资料，说说专才、全才、奇才、怪才、天才这些词语有何区别，尝试列举古今中外符合上述称谓的人物。谈谈自己的看法：如果是你，你愿意成为哪种人才？为什么？

第二课 一招鲜 吃遍天

一切劳动者，只要肯学肯干肯钻研，练就一身真本领，掌握一手好技术，就能立足岗位成长成才，就都能在劳动中发现广阔的天地，在劳动中体现价值、展现风采、感受快乐。

——习近平

* 扎实的技能基础是技能人才的核心竞争力。
* “学一艺，精一艺”是技能人才职业进阶的坚实基础。
* 练就过人的技能可以帮助技能学子获得更广阔的发展空间，实现个人价值与社会价值的统一。

在经济不发达、物质不丰富的年代，“一招鲜，吃遍天”指的是只要有一种技术特长，就能以此谋生，一辈子有稳定的收入。如今，年轻人学习一技之长，练就过硬本领，不仅仅是为了糊口，更多是为了在工作岗位上成长成才，在奋斗中实现个人价值，寻求更大的舞台，成就精彩的人生。

练就金刚钻

中国有句老话，“没有金刚钻，不揽瓷器活”。相传，锔瓷始于宋代，这门传统技艺就是用像订书钉一样的金属“锔子”，把破碎的瓷器修复起来。锔

瓷人在修复瓷器的过程中需要用金刚钻钻出小孔，有些瓷器厚度仅有数毫米，打孔时需要分毫不差，没有功夫是不能完成的。

在当今时代，社会分工越来越细，每一个领域、每一个行业、每一个职业的深耕细作都离不开扎实的技能基础。“金刚钻”好比一技之长，是现代社会个人换取生产生活物资的重要依靠，也是实现人生价值的重要法宝。一个拥有专业技能的人，在技能进阶路径上，练就出众的技能，增强核心竞争力，进而成长为独当一面的技术能手，是稳扎稳打、水到渠成的事情。

当代“庖丁”

李虎是长安汽车股份有限公司渝北工厂的汽车调试高级技师，工作20余年来，潜心钻研技术，因其高超的汽车装调水平，被誉为长安自主轿车“调试第一人”。

李虎介绍，他的成长是从拆解汽车的心脏——发动机开始的。

刚成为一名汽车总成装配工的时候看不懂图样，他就将图样零件与实物一一对照，再利用工余时间熟悉整个发动机组装流程，弄清各个零件之间的关系。他到报废车处理企业，拆出一台长安汽车发动机，按照图样一一拆解，分别编号，然后再按序组装回去。一台又一台，从操作熟练到了如指掌。不仅如此，他还对拆解下来有问题的零件进行维护或更换，组装后装回汽车，使汽车能够正常启动，这给了他很大的信心。

之后，变速器、转向器这些汽车的关键总成也都被他一一攻克。日复一日的练习让李虎练就了神奇的本领，故障车辆送到面前，他一听、一看、一查，就能找到问题、解决问题。

经过多年的钻研，李虎创建了一套汽车故障判断与维修问诊法，还总结出高效的处理办法，为生产线降本增效。李虎获得了“全国技术能手”“中央企业劳动模范”“技能带头人”等荣誉称号。

探究与思考

你如何理解“书痴者文必工，艺痴者技必良”这句话？说一说你最痴迷的一项技艺，和同学们分享一下你痴迷的程度和收获。

书痴者文必工，艺痴者技必良。李虎的事迹告诉我们，要想习得一技之长，就需要对技能练习锲而不舍、持之以恒。只有尽心竭力地付出，才能真正练就自己的看家本领，在技能发展的道路上越走越远，收获满满。

学一艺，精一艺

俗语讲，“通百艺不如精一艺”，意思是什么都会一点儿不如精通一样，鼓励人们集中精力专攻一门技能，然后通过这一门技能取得一定的成就。技多不压身是以精通一艺为前提的。如果对多门技能都停留在了解皮毛而不精的状态，倒不如通过精通一门技能让自己在社会上更好地立足。

关注人生“头”等大事

理发是和我们每个人密切相关的“头”等大事。这一行的从业者随着时代的变迁，称谓也在不断变化，从剃头匠到美发师、发型师，再到今天的发型设计师。全国青联委员、重庆五一技师学院正高级实训指导教师聂凤就是这一领域中的翘楚。2015 年，她年仅 21 岁就夺得世界技能大赛美发项目金牌，2018 年考取大洋洲美发最高技能等级

证书及 IPSN 国际发型师认证证书，成为取得该项国际顶级证书的东方第一人。

14 岁时聂凤迷上了美发，甚至违背父母的意愿，坚持去学习美发。她勤学肯练、积极向上，专心投入到艰苦的练习中，并开始在一些美发比赛中斩获奖项。后来她进入技工院校，开始对美发技能进行更系统的探索和学习。在几年的刻苦训练与竞赛磨炼中，聂凤用坏了 100 多把梳子，修剪了成千上万个头模，剪掉的头发长度约是从重庆到北京的距离。这些付出奠定了她登顶第 43 届世界技能大赛美发项目冠军的基础。这块金牌是亚洲国家参与世界技能大赛的首块美发项目金牌。

2017 年，为了看看世界美发行业在发生什么，也为了了解中国美发行业和世界美发行业的差距，聂凤又选择赴澳大利亚进修。被安排在美发店实习的聂凤似乎又回到了原点，从帮忙扫地上的头发开始，一点一滴实践着美发行业的国际标准。

聂凤说，她的老师们告诉她要“一辈子做好一件事”，这也是她努力与坚持的方向。

· 我的存在，或许对于技工院校的孩子们来说，就是一个很好的例子，让孩子们看到，他们也可以有很好的前途和未来。

在一些人看来，美发就是再简单不过的洗剪吹。面对部分人的刻板印象，聂凤凭着自己的热爱、努力与坚持，证明了精通一门技艺的价值。奋斗成就梦想、平凡孕育伟大，她的经历成功诠释了从一名技工院校学生到一位正高级职称的“工匠人”的完美蜕变。每个人的精力有限，如何在最好的青春年华系统扎实地学习技能本领，干一行、爱一行、钻一行，真正做到精一艺，通过精一艺实现存身立业，是每一位技能学子应该思考与践行的。

探究与思考

老天津卫的剃头匠，给客人剃头、刮脸后，总要免费为客人剪鼻毛、掏耳垢。有的师傅还会为客人松骨捶背，使客人剃一次头身心也跟着放松下来。歇后语“剃头的拍巴掌——忒好啦”，其实正是源于剃头匠的职业精神。说一说，聂凤的“头”等大事，与以前老天津卫剃头师傅的放松服务有着怎样本质的联系，你得到什么启示。

身怀绝艺行天下

身怀绝艺、行走天下，听起来像是武侠小说中武林高手的潇洒人生。对于技能人才来说，拥有过人的技能不仅可以找到立身之地，而且还可以获得更广阔的发展空间，实现个人价值与社会价值的统一。

我国正在从制造大国向制造强国转变，对技能人才的需求不断增加。近年来，越来越多的青年人走上了技能学习与技能成才之路，他们在各种赛事舞台上崭露头角、施展才华，迎来了人生中的高光时刻，获得了更多的学习交流机会、更大的才华展示平台。

2020 年 12 月 13 日，第一届全国职业技能大赛圆满落幕。14 日下午，广东省佛山市就把 11 张人才服务 VIP 卡送到了在佛山参加交流活动的 11 位技能大赛获胜选手手中。

在佛山市，技能选手获得人才服务 VIP 卡就意味着可以享受从生活待遇、落户、子女入学到创业项目申请，甚至成立工匠工作室等方面的政策优惠和孵化支持。对这 11 位选手而言，“技行天下，能创未来”由一个美好愿景变成了一个触手可及的现实。

传承者与传播者

很多技能人才既是高水平技能的学习者、实践者，也是工匠精神的传承者、传播者，杨金龙就是其中一位。作为第 43 届世界技能大赛汽车喷漆项目的冠军，有许多公司以高薪相邀，他却选择继续留在母校任教。他凭着对喷漆技术的热爱与执着，在成就自我的同时，将技艺与精神传授给更多的学生。

杨金龙说

· 我希望把我所会的都教给我的学生，为了让他们有立足社会的一技之长，也为了能有更多的技艺精湛的匠人。

杨金龙多次参加世界青年技能日的宣传推广活动，以自身的成长成才经历帮助年轻人了解技能，树立技能报国之志。2018 年当选全国人大代表后，杨金龙重点围绕技能人才培养和一线技工工作环境进行深入调研，尽心尽力为技能人才培养发展呼吁，把工匠精神践行到了代表履职中。

身怀绝艺的技能人才对自己的事业有着发自内心的热爱与专注。真正热爱技能的人，不满足于个人的成就与坚守，他们会努力推广普及技能成果，让更多的人从技能学习中受益，在取得个人成就的同时为社会作出贡献。

四十余年坚守，只为客家菜

· 小时候每逢节日，就能看到师傅们做盐焗鸡、酿豆腐、萝卜丸等经典客家菜，有位师傅做的盐焗鸡味道非常好吃，让我印象非常深刻！

这些美味的客家菜和师傅们工作时专注的样子，让陈钢文对这个职业产生了向往。

1975 年，陈钢文开始正式学厨，十六七岁的他被安排到当时梅州最高档的酒店——梅州旅社餐厅干活。两年工夫，陈钢文就打下

了扎实的烹调技能基础。20 世纪 80 年代，广东省提出复兴传统厨艺，陈钢文就是项目学徒之一。为了更好地传承客家菜，陈钢文几乎把客家地区都走了个遍，寻找客家味道，学习当地的客家菜做法，形成自己的一套客家菜体系。在充分发挥客家菜传统技法的基础上，陈钢文大胆借鉴其他菜系的风格。

不仅传承创新客家菜，陈钢文还努力让客家菜走出去。梅州是著名的华侨之乡，陈钢文带着梅州客家乡亲的深情厚谊，以客家菜为媒，让长期生活在海外的客家人品尝到家乡的味道，以解思乡之情。1996 年，陈钢文被特邀赴新加坡参加“客家酿豆腐美食节”，在一个多月的时间里，培训了几百名厨师和上千名家庭妇女；2005 年，飞赴中国台湾苗栗参加“客都嘉年华”活动，表演正宗的客家菜烹饪技艺；2006 年，加入广东海外交流协会客家菜厨艺培训团赴马来西亚 9 个城市，培训当地人做客家菜……

在中国烹饪大师陈钢文看来，每一道客家菜都是萦绕在客家人心头的故乡味道，他将为更多的人展示客家菜，传授客家菜的制作技法，扩大客家菜的海外影响力，让更多的海外侨胞品尝到正宗的、有妈妈味道的客家菜。

海阔凭鱼跃，天高任鸟飞。一名技能学子，凭着对本专业的热爱，不断钻研练习、切磋打磨自己的技艺，这种心无旁骛、精益求精的态度，不仅有助于练就过硬的本领，而且有利于探索技能创新的无限可能。一旦掌握了绝活本领，技能人才就将拥有广阔的施展才华的舞台。

探究与思考

你认为绝活是怎样练成的，你知道自己的家乡有哪些身怀绝技的人，请分享给同学们。阅读《核舟记》，上台讲讲奇人王叔远的故事。

第三课 技能亦可报国

> 工业强国都是技师技工的大国，我们要有很强的技术工人队伍。
>
> ——习近平

* 个人命运与国家命运紧密相连，技能学子要积极参与到制造强国的建设中去。
* 重大项目与超级工程中都有各行各业技能人才的身影。

纵观近代历史，凡大国必定是工业强国，而工业强国一定是技能人才大国。当今的工业强国都拥有数量众多的高技能工人，并依靠他们建立了享誉世界的民族品牌，铸就了高水平的制造产业，奠定了国家工业和经济发展的基石。我国要实现从制造大国到制造强国的转变，也必然需要大量的高技能人才。

2020 年 11 月 24 日，习近平总书记在全国劳动模范和先进工作者表彰大会上发表重要讲话，号召工人阶级和广大劳动群众“要立足党和国家各项事业发展全局，立足党中央对改革发展稳定各项工作的决策部署，围绕国家重大战略、重大工程、重大项目、重点产业，广泛深入持久开展劳动和技能竞赛，积极参加群众性创新活动，汇聚起众志成城的磅礴力量”。

制造强国，我参与

《中国制造 2025》提出创新驱动、质量为先、绿色发展、结构优化、人才为本的基本方针，通过“三步走”实现制造强国的战略目标，即 2025 年力争迈入制造强国行列，2035 年制造业整体达到世界制造强国阵营中等水平，2049 年综合实力进入世界制造强国前列。

工业和信息化部公布的数据显示，我国拥有 41 个工业大类、207 个工业中类、666 个工业小类，形成了独立完整的现代工业体系，是全世界唯一拥有联合国产业分类中全部工业门类的国家。我们用了几十年的时间走完了发达国家几百年走过的工业化历程。进入新时代，我国实施了《中国制造 2025》行动纲领，着力实现中国制造向中国创造转变、中国速度向中国质量转变、制造大国向制造强国转变，这就更需要不同专业的技术人才和技能人才来共同完成复合性、系统性高的现代工程。因此，每位技能人才都有为实现制造强国作贡献的机会。

以船舶工业为例，它涉及钢铁、机械、电子等数十个行业、数百个专业，被称为“综合工业之冠”。若用零件数量来衡量系统复杂程度，一辆汽车有上万个零部件，一艘集装箱船的零部件则要以百万甚至千万计。每一艘船都是一座漂浮的“科技城”。

位于上海的江南造船（集团）有限责任公司，前身是创建于清同治四年（1865 年）的江南机器制造总局。作为“中国第一厂”，这里是中国近代民族工业的起点，也是近代中国海洋梦开始的地方。150 多年来，江南造船厂饱经沧桑、经久不衰，这里曾诞生中国第一台车床、中国第一艘自行建造的蒸汽推进军舰和第一艘铁甲军舰。新中国成立后，这里持续创造了一个又一个“第一”：建造了中国第一艘潜艇、第一艘护卫舰、第一台万吨水压机、第一艘自行研制的万吨轮东风号。远望系列航天测量船和火箭运输船也“出身”

20 世纪 80 年代“江南造船”鸟瞰　中新社记者摄

远望 21 号火箭运输船　新华社记者摄

于此。“江南造船”为中国民族工业的发展作出了巨大的贡献，培育了一代代能工巧匠。他们参与一艘艘巨轮的制造，推举着巨轮驶向远方，也见证着中国一步步建立了完整的船舶工业体系，成为世界第一造船大国。

工匠的大江大海

揉钢铁像揉面粉

“揉钢铁像揉面粉”的李锦华干船舶火工快 40 年了，他经手过数百艘船，无论这些船绕地球多少周，多么锈迹斑驳，一旦它们“回家”保养，他都能一眼认出。他手下钢板特有的流线，就像专属于他的密码。

一艘万吨巨轮大概需要 1 000 多种材料和 5 000 多吨钢材。几十年里，他要熟悉各种钢的“脾气”。他的工作没有教材，全凭眼手，一手持火枪，一手拿水枪。前面火烤，后面水浇，冷热间钢板弯曲。他做的钢板有的像帆，有的像水滴，有的像马鞍，有的像鼻子……难度最大的就是“鼻子”，钢板呈一定的弧度弯下去，突然一个弯钩，或锐或钝，或缓或急，出现一个漂亮的圆鼻头，再缓缓收弧。

他能在 20 米外，凭声音听出电流大小；远远看一眼火焰，便能判断焰内温度。李锦华的专业技能可谓炉火纯青。

无名的大国工匠

新华社记者摄

1964年，中国发生了两件震动全国的大事，一件是首枚原子弹爆炸成功，另一件是首台万吨水压机投产。

搞重工没有万吨水压机不行，可国外封锁图样，江南造船厂就从零开始制造。巨人般的万吨水压机，“肢体”沉重，很多零件百吨重，连一个螺丝帽都有五六吨重。工人们要焊接4根80吨的立柱、300吨的下横梁，最厚的焊缝近两尺厚，焊缝横竖交错，异常复杂。如果用一般的手工焊，一个电焊工要足足干30年才能焊完。工人们尝试了国内从没用过的电渣焊，实验进行了上千次。一次，焊槽里通红的熔液像一锅煮开的水，不停地翻滚。突然有人喊：“不好，漏渣了！”2 000多摄氏度的熔液流了出来，眼看要出大事，唐应斌不顾一切地抓上一把耐火泥，堵住了裂口。事后大家都说，不敢想，那是2 000多摄氏度的钢水啊。当时，有30多年焊接经验的唐应斌，为了不让焊缝冷却太快而产生裂缝，他脱下棉衣，盖在焊缝上，连着几夜睡在水压机旁边，耳朵贴着机器听有没有裂开的声音。

万吨水压机的设计寿命不到10年，可直到前些年，它还在轰鸣着工作，锻造出比自己更大的家伙。

如今，很多制造万吨水压机的工人的名字都难以查询，可时间验证了他们是真正的大国工匠！

船舶的“心外科大夫”

“上海工匠”陈志农负责轮船动力装置的安装，一万多个零件从他手里过，他被称为船舶的“心外科大夫”。

每艘船都长着不同的“心脏”，密密麻麻不同规格的螺钉、零件，先拧哪颗后装什么，光图样就堆到膝盖高，有的特殊船，几颗螺丝的价值就相当于一部高级轿车。轴承上套着几道密封环，每两个密封环之间用油填充。轴承角度出现一点偏差、一个垫片不平、一个密封圈不严、一颗螺丝不紧、少几滴润滑油，都可能导致某个小部件振动、发热，这些小问题在船舶到大海里乘风破浪时都会被放大。徒弟们称陈志农手底的活滴水不漏。他要求工人做到每 1 平方厘米的垫片要有 3 个点定位，少 1 个点都不行。他对精度要求极高，有时精确到丝。1 丝，只有 0.01 毫米，也就是一根头发丝的 1/10 那么细。陈志农深知这一丝半丝的误差在大海里就是人命关天。

探究与思考

如果让你为江南造船厂的工匠们制作一些个性名片，你会如何设计？请把自己设计的内容写在下面的名片空白处。

姓名：________________

职业：________________

技能：________________

贡献：________________

建造巨轮的工人都认为，相比一艘巨轮，他的工作不过是“小数点后面好多位的那个数”，但“大”恰恰都是由一个个“小”组成。江南造船厂的发展历程，是技术工人们在自己的岗位上倾情付出，努力提高国家工业实力、实现国家富强的一个缩影。

现代飞机的发明与应用是科学技术进步的重大成果。生产出具有自主知识产权的大飞机，是一个国家航空工业强大的标志，也是一个国家科技创新能力的综合体现。飞机的研发制造是我国航空工业的重要组成部分，凝聚了我国各项科学技术进步成果，既是众多科学家和科技工作者努力创新的成就，也是广大技能劳动者参与伟大创造的结晶。

知识链接

中国大飞机C919

人们通常会把100座以上、能够远距离航行的客机称为“大飞机”。大飞机制造是一项高度集成的系统工程，被誉为“现代工业的王冠”。

C919，中国首型大型客机（大飞机）。C是China的首字母，也是中国商用飞机有限责任公司英文缩写的首字母，同时还有一个寓意，就是我们立志要跻身国际大型客机市场，要与空客(Airbus)和波音(Boeing)一道在国际大型客机制造业中形成ABC并立的格局。第一个“9”的寓意是天长地久，“19”代表的是我国首型大型客机最大载客量为190座。作为中国自主研制的新一代大型喷气式客机，C919从外形到内部布局都是中国自己设计完成的，其中综合航电、气动力设计等六大技术居世界前列。2017年5月5日，C919大型客机成功首飞，中国人的“大飞机梦”终于成为现实。

国产大飞机“一飞冲天”，离不开上海飞机制造有限公司C919事业部总装车间全体劳动者的默默奋斗与付出。他们以“航空报国”的气魄、“工人先锋号”的担当，长期吃苦、长期攻关、长期奉献，誓争一流、锻造精品，为实现中华民族伟大复兴的中国梦而努力奋斗。

C919总装车间的年轻人

一架C919大型客机，有724根线缆、2 328根导管、总长近80千米的管线，零部件总数达250万个，把这么多零部件按照复杂的结构组合在一起，绝不是一件简单的事。从2014年9月打响机体对接总装开铆“第一枪”到2015年11月总装下线，从C919项目实现全机通电到整机交付试飞，离不开C919事业部总装车间200多名职工的奉献。

新华社记者摄

为大飞机插上翅膀的总装车间职工的平均年龄仅有 30 岁，其中有 128 名高级工、8 名技师、1 名高级技师。这支年轻的团队勇于担当，严格把控着飞机制造的质量关。

总装车间建立了严格的现代民用飞机装配质量管理体系，为每一位职工建立质量档案，锻造过硬的质量水平，实现产品一次提交合格率高于 99.9%。车间还实施了群策群力的工作机制，让职工的“金点子”迅速成为企业发展的“金钥匙”。总装车间开展飞机减重大比拼，以劳动和技能竞赛的方式鼓励职工动脑筋、比效率、出创意。线束敷设班组的技师们通过优化布线、采用轻量化辅助材料，摸索出一套线束减重工艺，使飞机减重 20 多千克，一架飞机 30 年寿命期内就可节油 2 000 吨。

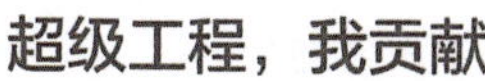

超级工程，我贡献

超级工程是指在体量、技术精度、作业难度等方面均位居世界前列的工程项目，是一个国家科技实力和综合国力的体现，是中国现代化建设高质量发展的重要标志。天宫建站、北斗组网、天眼测空、蛟龙潜海等超级工程的成功，是每一位参与者贡献智慧与力量的结果。这里既有科研人员的不懈努力，也包含着众多技术工人的辛勤付出。

“中国天眼”是指 500 米口径球面射电望远镜（FAST），是具有自主知识产权且世界最大单口径、最灵敏的射电望远镜。这样巨大的射电望远镜安装极其复杂，而且没有先例。我国将它列为国家“十一五”重大科技基础设施建设项目。

负责安装工程的是以中船重工武船集团起重工周永和为首的团队。他们要在较短的时间内完成这样的工作：先将 40 多万块反射面板精确拼接成 4 450 块形状各异、尺寸不等的三角形大面板，再将大面板准确无误地安装到一个口径为 500 米、相当于 30 个足球场大小的巨型索状碗里，吊装空间跨度、幅度之大前所未有。更困难的是，反射面单元为铝合金管件桁架结构，共有 216 种类型，其中单片最大面积约 120 平方米，耐受力弱、易变形，空中安装过程需要运输数百米，而面板之间的安装误差以毫米计算，不能有一丝磕碰、污损。整个吊装过程全部是高空作业，必须保障人员、吊件、设备的安全。

周永和团队经过深入研究、反复实践、不断完善，最终设计出国内首创的大跨径、大坡度空间转移、

周永和

新华社记者摄

新华社记者摄

转接的柔性吊装方法，克服了所有困难，实现了FAST安装工程零事故。从2015年下半年开始，到2016年7月，“中国天眼”工程的反射面单元安装任务在周永和团队的努力下圆满完成。

面对如此巨大的射电望远镜和极度复杂的安装要求，周永和起初也觉得无从下手。经过反复论证和研究，周永和选择用圆规模式进行吊装。周永和团队在FAST圆心的馈源舱位置修建了一个环梁作为圆规的中心支撑点，在这只“巨碗”的碗边架起一圈钢梁轨道，在轨道上运动的机车成为第二个支撑点，两个支撑点之间由两根粗钢缆连接。安装的时候，反射面板首先被吊装到圈梁轨道上，然后机车在圈梁轨道上转动，把面板运送到预定位置的缆索吊上，最后由缆索吊将面板沿钢缆吊装到指定位置。

不仅是“中国天眼”的安装，在我国三大卫星发射场的配套设备制造和安装、蛟龙号试验厂房安装等重点工程中，也都有周永和的身影。

作为目前我国近地轨道运载能力最大的火箭，长征五号系列运载火箭肩负着开展载人航天空间站建设、月球采样返回、火星探测等多项重大航天工程任务，是承载中华民族对浩瀚宇宙向往的“梦想之箭”，也是我国由航天大国迈向航天强国的重要标志。

知识链接

长征五号系列运载火箭

长征五号系列运载火箭是我国为了满足航天进一步发展的需要，在2006年立项研制的一次性大型低温液体运载火箭，也是我国新一代运载火箭中芯级直径为5米的系列火箭。中国天宫号空间站、北斗导航系统的建设、探月三期工程及其他深空探测的实施都会使用该系列火箭。2016年11月3日，长征五号在中国文昌航天发射场首飞成功，由此成为我国运载能力最大的火箭。

长征五号B遥二运载火箭发射升空　中新社记者摄

2020年5月5日，长征五号B运载火箭成功首飞。7月23日12时41分，长征五号遥四运载火箭托举着我国首次火星探测任务天问一号探测器，在中国文昌航天发射场点火升空。11月24日4时30分，同样在中国文昌航天发射场，长征五号遥五运载火箭成功发射探月工程嫦娥五号探测器，顺利将探测器送入预定轨道。2021年4月29日中午，搭载我国空间站天和核心舱的长征五号B遥二运载火箭在中国文昌航天发射场点火升空，发射任务取得圆满成功。

长征五号运载火箭箭体上有5万多个零部件，装配要求不一，任何一个微小的安装失误都可能导致火箭发射失败。这样高难度的总装，需要一位经验丰富、水平高超的技能大师来担纲。这位技能大师就是崔蕴。整整两个月时间，上百次的实验，无数次修改图样和方案，崔蕴带领团队终于攻克了长征五号大直径火箭装配难的关键问题，人员在地面就可以进行各项装配工序，实现了多人多点同时操作，总装工作效率提高了两三倍。

崔蕴自1982年参加工作就一直从事火箭总体装配工作，是特级技师。数十年来他参与了所有现役捆绑型运载火箭的研制，为我国的航天事业作出了巨大贡献，先后四次荣立个人三等功，2013年被评为航天一院首席技能专家。2019年，崔蕴荣获全国五一劳动奖章。

艰难困苦，玉汝于成。中国航天事业从无到有，从小到大，靠的就是一辈辈航天人不懈的艰苦奋斗。他们为航天梦不断贡献着自己的智慧和力量。

超级工程与重大项目需要各种专业的技能人才将工程设计人员的规划设计变成现实。他们很多人默默无闻，但他们的双手是真正的“魔力之手”，他们是技能学子的榜样。广大技能学子要以这些前行者为标杆，勇敢肩负起时代赋予的重任，志存高远、脚踏实地，走技能成才、技能报国之路，在实现中华民族伟大复兴的中国梦中放飞青春梦想。

崔蕴说

· 我真心地喜欢火箭的总装测试，没法用语言来说这个痴迷程度，真是特别喜欢这个。

探究与思考

长征五号运载火箭运用了哪些新技术？崔蕴有着怎样的技能？他为中国的航天事业作出了哪些贡献？

拓展实践活动

“技能状元背后的故事”演讲比赛

一、活动主题

了解技能状元故事，实现技能成才梦想。

二、活动宗旨

以“了解技能状元故事，实现技能成才梦想”为主题，自拟演讲题目和内容，既可以讲述身边的优秀技能人才事迹，也可以结合自身实际，谈谈如何向技能状元学习，实现技能成才梦想。

三、活动时间

班会课。

四、活动实施

1. 演讲内容要突出“了解技能状元故事，实现技能成才梦想”的主题，力求有较强的思想性和自我体悟效果。每位参赛同学演讲时间控制在 3 分钟以内，要求脱稿演讲。

2. 寻找到的技能状元一定要是自己最佩服的，如果本校有技能状元，可以以小组合作的方式完成采访、合影等准备工作。

3. 演讲形式可以多样。演讲可采取单人演讲、双人演讲和多人演讲等多种形式，可配 PPT、背景音乐、照片等。

4. 邀请班主任、任课教师等做评委。

五、评分标准

1. 演讲内容：40 分。要求演讲内容紧扣主题，主题鲜明、深刻，格调高雅，富有真情实感。

2. 语言表达：30 分。要求脱稿演讲，声音洪亮，口齿清晰，普通话标准，语速适当，表达流畅，激情昂扬，讲究演讲技巧，动作恰当。

3. 形象风度：20 分。要求衣着整洁，仪态端庄大方，举止自然得体，体现朝气蓬勃的精神风貌；上下场应致意。

4. 综合印象：10 分。由评委根据演讲选手的临场表现作出演讲综合素质的评价。

六、奖项设置

比赛设一等奖 1 名、二等奖 2 名、三等奖 3 名、优秀奖 6 名。颁发奖状和奖品。

·第三单元·

求精创新　道技合一

技能学习需要持之以恒、求精创新。

通过本单元的学习，我们会懂得在技能成才之路上，既要练好基本功，善学习、勤思考，注重方法和实效，又要敢于创新，勇于开拓，还要找到自己擅长的领域，精益求精，如此才能成长为具有专业精神的技能大师。

第一课 工必尚巧

要更加重视青年人才培养，努力造就一批具有世界影响力的顶尖科技人才，稳定支持一批创新团队，培养更多高素质技术技能人才、能工巧匠、大国工匠。

——习近平

* 技能实现从“熟”到“巧”需要运用科学的练习方法。
* 掌握技能的关键并追求技能运用中精妙的境界需要技能人才持续的钻研和努力。

通过努力学习理论知识和反复实践操作过程，技能学子能够掌握并运用技能，逐渐从一名技能新手成长为技能人才。在技能成才的道路上，这只是刚刚入门，还有更高的境界要去追求。技能人才还需要锤炼技能、感悟技巧，努力将技能从熟练磨砺到精湛。

巧由熟来

关于“巧”的成语有很多，如熟能生巧、能工巧匠、巧夺天工等。我国历史上曾出现过大批能工巧匠，有被土木工匠奉为祖师爷的鲁班，有设计制造“木牛”“流马”解蜀军运粮之困的诸葛亮，有主持建造世界桥梁史上首座敞肩圆弧拱结构石拱桥——赵州桥的隋代造桥工匠李春……

在我国文学史上也流传着不少记载工匠技艺的经典文学作品。北宋著名文学家欧阳修就曾对卖油翁的娴熟技艺有过经典描述，卖油翁有一手看似简单、实际上常人难以做到的穿孔倒油入壶的绝活——油自钱孔入壶，而钱不湿。卖油翁通过高度的专注、反复的练习实现了由熟练到巧妙的转变，将最简单的技能做到了极致。

从熟练中生成的技能之“巧”，是技能人才经过多年潜心修炼而成的，是技能应用上的纯熟。达到这一境界的技能人才，能够驾轻就熟地应用技能，这体现了技能人才丰富的技能知识、扎实的基本功和从容的应对能力。要达到这一境界，就需要把握好细节、分寸，对各种突发状况能够随机应变。这种“行家一出手，便知有没有”的状态，就是技能人才熟能生巧的境界。

捞纸工艺与捞纸工

国画家李可染曾说：“没有好的宣纸，就作不出传世的好国画。”一张宣纸从投料到成纸，需要100多道工序，而决定宣纸成败的就是

捞纸这道工序。

在宣纸生产中，捞纸是成纸过程中最为重要的工序，技术含量非常高，这要求捞纸工既要吃苦耐劳，又要心灵手巧，因此先人称捞纸工为“匠”。周东红所在的中国宣纸股份有限公司生产的宣纸有100多种，这就意味着捞纸工要熟悉100多种水浆动态，练就100多种分寸得当的手感，体会100多种细微差异。

几十年来，捞纸工周东红每天捞纸1 000多次，将技艺的纯熟发挥到了极致，他的名字就是宣纸制作水准的保证，很多著名书画家都点名要他做的宣纸。周东红介绍说，捞纸时双手要摆到水面上，不要动，像绳子一样吊着，然后整只手抬起45度，抬高齐肩；要从正中间下水，用双手

周东红说

·30年来，我捞的每一刀纸误差都不超过一两，这就是我的手艺。

新华社记者摄

舀水往前走大概 15 厘米。周东红和他的搭档每天要重复这样的捞纸动作，他的手变成了一杆秤，可以做到每刀宣纸的重量误差不超过一两，也就是每张宣纸的重量误差不超过 1 克。每年经过他手捞出的纸超过 30 万张，没有一张不合格。

学习技能要实现熟能生巧，仅仅依靠重复练习是不够的，还必须打好技能基础，从刻意练习、注重方法和钻研理论等几个方面入手，从而实现技能水平质的飞跃。

1. 刻意练习

无论是生活技能还是工作技能，都离不开大量的练习。刻意练习是有着明确目标、聚焦绩效和表现的练习。

精密焊接领域的一双巧手

中国电子科技集团有限公司第 29 研究所的高级技能人才潘玉华，在精密焊接领域深耕 20 余年，练就了一双甚至比机器还巧妙的双手。她从入职开始，每天琢磨的就是如何让手更灵巧、更稳定，让注意力更集中，让心态更平和。为了获得过硬的技术，她经常加班练习到很晚。她用镊子夹头发丝、芝

麻粒，以此训练手的稳定性和灵巧度；在水不溢出的前提下，不断向盛满水的杯子里投入一元硬币，以此训练观察力和手的平衡感。就是靠这种长期的刻意练习，她练就了极致的专注和细致，练就了独有的慧心巧手，在预警机、北斗导航等装备的研发过程中，攻克了行业公认的微纳互联领域数十项技术难题，填补了国内空白，为我国军工事业的发展作出了重要贡献。

快递员中的高层次人才

2019年，快递员李庆恒参加了浙江省第三届快递职业技能竞赛暨第二届全国邮政行业职业技能竞赛浙江省初赛，获得了快递项目的第一名。2020年，李庆恒被认定为杭州市高层次人才并登上了央视新闻，被《人民日报》等多家媒体点赞。

从一名咖啡店店员到转行做快递员，从客服岗位转到分拣岗位，李庆恒的职业选择从不以轻松为目标。工作中，他发现分拣订单的过程中翻看代码等数据要花去不少时间，熟悉数据，才能提高效率。因此，他下定决心把全国的地域数据信息通通背下来。他合理利用碎片化时间学习，回家路上看到外地车的车牌，他都会把相关城市的信息在脑子里过一遍，以强化记忆。就这样不断刻意练习，李庆恒的拣货速度有了显著提升，他的绝活更是让同事赞叹不已。

自从公司派他参加快递职业技能竞赛后，李庆恒靠着扎实练习与实践经验，拿回了许多奖项。李庆恒介绍说，比赛中分拣特别考验个人速度与记忆能力，既要熟记全国各地区的邮政编码、电话区号、航空代码，还要从数百件物品里，一眼把航空禁寄物品挑出来。最难的部分是画派送路线图，12 分钟内要在电脑上完成 19 个派送路线设计，要用最少的时间、最短的路线，准时准确送达。

动脑子钻研且投入精力和时间有针对性地刻意练习，终会给技能有心人回报，也会更加坚定技能学子对专业技能的赤诚之心，坚定精进技艺的信念，进而实现技能进阶的良性互动。

2. 注重方法

学习技能本领需要掌握有效的学习方法，切实提高成绩。在技能实践操作中，技能学子可以多请教有经验的实践课导师、高水平的技能专家，甚至顶级技能大师，学习他们处理问题的方法，这样能够帮助技能学子快速提升技能水平，达到事半功倍的效果。这也是技能学习师带徒、传帮带的重要价值所在。

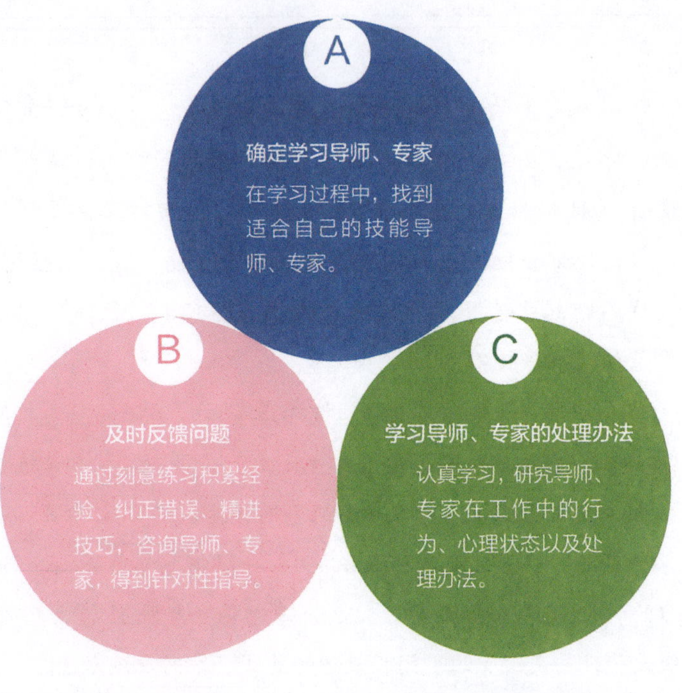

要掌握技能学习的合理方法，在模仿的基础上不断磨炼，努力实现突破，从而真正领悟技能之巧。在专注、投入的实践练习中，导师、专家手把手的传授与指导对技能学子技能水平的快速提升尤为重要。导师、专家能够帮助技能学子了解自己的水平、及时纠正错误、弥补不足，引导技能学子尽快达到更高的水平。

古时候，人们学习技能首先要做的就是拜师，所谓“一日为师，终身为父”，师徒关系是非常亲密的。现代社会，实践性强的技能训练仍需要通过高水平导师、专家手把手的指导，引导技能学子领悟技能提升的要点与难点，达到快速成长的效果。

知识链接

企业新型学徒制

企业新型学徒制是按照政府引导、企业为主、院校参与的原则，在企业

（含拥有技能人才的其他用人单位）全面推行的，以“招工即招生、入企即入校、企校双师联合培养”为主要内容的学徒培训制度。

这种培训制度采取企校合作的方式，对企业员工进行长周期精准培养。由于培养对象是企业员工，直接服务于企业生产和工艺提升，完全是按需定制，所以具有很强的针对性和有效性，更容易取得实效。企业新型学徒制“性价比”很高，有利于实现产教有机融合，有利于以训稳岗，是技能人才培养模式的一种创新之举，是高质量培养企业骨干技能人才的一种有效方式。

技能大师工作室

技能大师工作室以高精机械加工、传统技艺传承和高新技术产业为重点，主要选择科技和技能含量较高的产业、行业和职业，由具有绝招绝技的高技能人才和技能带头人传绝技、带高徒，为企业及社会培养技能骨干。技能大师工作室依托大中型企业、行业研发中心、技工院校（职业院校）和高技能人才培养示范基地等载体领办或创办。

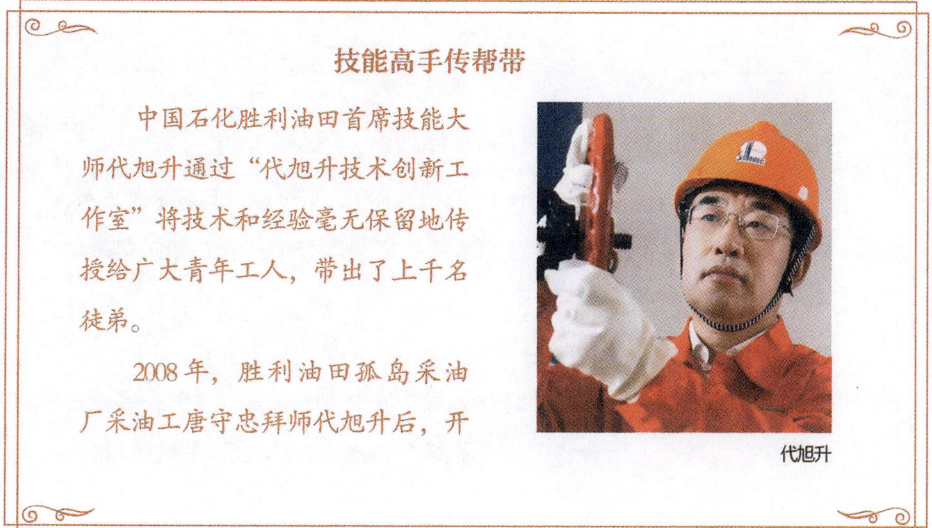

技能高手传帮带

中国石化胜利油田首席技能大师代旭升通过“代旭升技术创新工作室”将技术和经验毫无保留地传授给广大青年工人，带出了上千名徒弟。

2008年，胜利油田孤岛采油厂采油工唐守忠拜师代旭升后，开

代旭升

启了“彪悍”的职业生涯：提出合理化应用建议172条，有100多项创新成果获奖，拥有55项国家专利。胜利油田建立“唐守忠创新工作室”后，唐守忠带领160多名高级技师、技师与青工技术能手承担了采油厂与油田的技术交流、技术咨询、联合攻关、成果创新、新工艺新技术推广应用、答疑解惑及技能培训等工作。

3. 钻研理论

技能工作者在向师傅学习技能的同时，也需要自己不断探索体悟，而探索的方式主要有两种——实践练习和理论学习。实践是认知的源头，技能工作者可以通过充分的实践训练对技能的共性进行总结和归纳，逐渐了解和掌握工作中的门道。同时，技能不仅仅是操作，业务水平的精进还需要扎实的理论知识，这样才能明技术之理，得技能之法，长期稳定地提高自身技能，从而达到更高的技能境界。从很多工匠的成长经历中都可以看到，他们逐步意识到了学习专业理论的重要性，主动加强理论学习，提高知识水平并不断运用到实际工作中。

冠军导师

攀枝花技师学院教师周树春接连培养出三届焊接世界冠军曾正超、宁显海、赵脯菠，他以自身技术水平的发展和带徒经验证明了理论学习对技能人才进步的重要意义。

1993年，18岁的周树春作为轮换工，走上了父亲曾经工作的焊接岗位，成为中国第十九冶金建设公司（现中冶十九集团）的一名技术工人。中国第十九冶金建设公司是那个年代中国的大型国企，能进入

周树春和曾正超（第 43 届世界技能大赛焊接项目金牌获得者）

这家企业工作是件荣耀的事。周树春暗下决心："要当最好的焊工，为父亲争气。"

周树春记得，刚入工厂时，师傅送了他一本焊接专业的书籍，但他研究半天也搞不懂书里的一些专业表述。"看也看不太懂，也不知道到底说的什么意思，后来边干活边去看书，我才真正理解了。"很长一段时间，白天在工厂干活实践，晚上回家进行理论学习，成为周树春的生活常态。

凭借勤奋实践和不懈思考，在工作不到一年的时间内，周树春便能独立进行结构安装、焊接制作和普通管道焊接。后来，周树春又自学了《焊接热过程与熔池形态》《管道焊接技术》等几十本专业书籍，积累了多达数十万字的读书笔记，先后掌握了 10 多种国内外前沿焊接技术，并提炼总结出 13 种焊接操作方法，成为业内颇具名气的技术骨干。如今，他已成为国家级技能大师，那些当年读过的书，整齐地摆在他的大师工作室最醒目的位置，向人们阐释着理论知识在技能提升中的重要作用。

探究与思考

要实现熟能生巧，除了依靠重复练习，还需要做哪些努力？每一种巧妙的技艺背后，都有规律性的原理，尝试举一两个案例。

巧以窥妙

传说南北朝时期梁代画师张僧繇在金陵安乐寺壁上画了四条龙，不点眼睛，说点了就会飞走。听到的人不相信，偏叫他点上。刚点了两条，就雷电大作，震破墙壁，两条龙乘云上天，只剩下没有点眼睛的两条。画在墙上的龙，点上眼睛就腾空飞走，自然只是一个传奇故事。后来，人们用“画龙点睛”比喻作文或说话时在关键地方加上精辟的语句，使内容更加生动传神。这与技能学习达到精妙境界有着异曲同工之处。

我们今天所能见到的古代文物，大都出自古代工匠之手。有一些文物极为精巧，显示出古代工匠的高超技能水平。把目光转到现代其实也一样，技能人才倾尽全力提高技能，当技能到了一定境界时，技能人才往往能够精益求精，掌握住技能应用的关键诀窍，把握好火候，在工艺生产、产品制造中达到精妙效果。

心手契合的极致境界

李凯军是一汽集团钳工班班长，他19岁进厂，干了30多年模具钳工，始终追求的就是精度。汽车模具的精度决定着车体的质量。模具上的一点瑕疵，都会导致汽车上零件的批量报废。凭着对工作近乎痴迷的热爱、对完美始终如一的追求及远远超出常人的艰苦付出，李凯军练就了一身精湛技艺，磨炼出“人刀合一”的非凡功力。

钳工的基本功之一是锉削。在李凯军技能大师工作室内摆放着他

亲手制作的一件“艺术品”，它代表了锉削技艺的全国最高水平。2000年，李凯军代表单位赴无锡进行交流展示。活动期间，他用16个多小时，把一个圆球通过纯手工的方法，锉削成了正十二面体，尺寸精度达到0.01毫米。经过他锉削抛光后如镜子一般光亮的正十二面体，征服了在场的专家们。这种制件加工属立体加工，空间基准难找，定位测量困难，机械和数控设备都无法加工出来，而李凯军用他自创的“指压寸动法”成功锉削出了制件。

李凯军说

· 只有操作上练精肯定不行，动刀前一定要先看、先琢磨。锉刀的每一道纹路，经过操作面的每一个瞬间，都要做到心中有数，这样才能“人刀合一”。

零售业的“一抓准”“一口清”，成为一道难得的风景；服务业的“第一剪”“第一刀”，得到顾客的交口称赞……作为技能人才中的佼佼者，达到了“精妙”境界的技能人才是当之无愧的领军人物，是同行仰慕和尊敬的技术高手，是单位不可或缺的技术骨干，是企业产品质量线上的专家能手，在一定程度上，他们就是企业的核心竞争力。

职业技能达到“熟练”阶段以后，技能人才对岗位有了更强的适应性，对整个产品的生产过程都非常了解，对企业、行业的发展也有了独特的观察和见解。此时，他们中的一些人已不再满足于更高的工作要求，而是希望通过不懈钻研、精益求精，在技能应用上形成自己独特的方法、收获全新的技能体验，在施展才华中深刻领悟技能之巧、技能之妙。

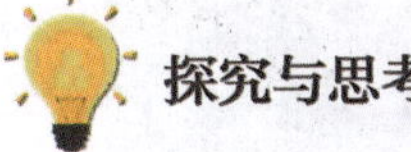

探究与思考

上网搜索资料，说一说下面这些古代的能工巧匠都有哪些绝妙技艺和创新成果，并写出自己的感悟。

人物	技艺和成果	我的感悟
鲁班		
黄道婆		
李春		
蔡伦		
毕昇		

第二课 追求创新

> 创新是一个民族进步的灵魂，是一个国家兴旺发达的不竭动力，也是中华民族最深沉的民族禀赋。在激烈的国际竞争中，惟创新者进，惟创新者强，惟创新者胜。
>
> ——习近平

* 掌握科学的创新方法可以帮助技能人才在实际工作中取得突破。
* 新一代技能人才可以通过努力创新在工作中取得了不起的成就。

回顾人类科技发展史，许多改变人类命运的发明创造都源自工匠的创新。进入新时代，产业技术变革和优化升级正推动中国制造向中国创造转变、中国速度向中国质量转变、中国产品向中国品牌转变。生产智能化、信息化升级后，企业需要的不仅仅是会熟练操作的工人，更需要懂技术、会创新的工匠人才。创新是学习新技能的必备内涵，有了创新的意识，学会科学的方法，才能够在创新实践中出成绩，迎来人生的飞跃。

创新创造价值

习近平总书记指出："创新是引领发展的第一动力，是建设现代化经济体系的战略支撑。"建设现代化经济体系，必须加快建设创新型国家，让创新成为走向未来的不竭动力。当今世界，科技进步日新月异，综合国力竞争日趋激烈，产业发展与转型升级对技能学子综合素质与创新能力的要求也在不断提高。

从产品设计到生产各个环节，创新都是相辅相成、相互促进的。科学家与工程师设计出的新产品，需要技能人才去生产、装配、调试，把他们的科学论证与精妙构思变成具象产品，这个过程也是技能人才充分发挥自己的创新意识与创新能力的过程。同时，真正的创新不可能一蹴而就，需要长期奋战在生产一线的技术工作者，经过长年累月的点滴积累和持续投入才能实现，还需要技能人才不断提高自身创新意识，培养创新思维，运用创新方法，提升创新能力。

很多技能人才立足岗位，发挥熟悉生产一线需求的独特优势，进行小发明、小创造、小革新、小设计、小建议，攻克了很多生产中遇到的难题，优化了生产工艺流程，革新了技术应用，取得了显著成效。

格兰仕的工装技改团队

十余年前，格兰仕电器配件部成立了一支工装技改团队，负责设备的改造。工装技改团队共 24 人，平均年龄 37 岁，平均工龄却有 14 年，工龄最长的 20 年，大专和本科学历的 5 人，其余 19 人都是高中、中专或者初中学历。在这个团队中，有的人擅长编程，有的人擅长机械设计。

技改团队的骨干苏智勇高中毕业，他的第一份工作是在流水线上拧螺丝，螺丝拧到第三年，他觉得不能再这样过下去了。他报班学习了电工知识，在工厂做了四年普通电工。他以普通电工的身份应聘进入格兰仕的时候，只是想换一家大工厂，并不知道自己还有什么潜力。

工作两年多的时候，苏智勇看到一位同事研制出了一台能做两三个动作的抓取设备，他一下子就被吸引了，于是申请加入车间工装技改小组，分工负责电控编程方面的工作。当时，他对如何编程一窍不通，唯一的“资本”便是好学和兴趣。那个时候，大家工装技改的水平都很有限，除了请教同事，苏智勇主要靠自学：上网查资料、看视频、买“装备”和相关书籍，开始自学自动化设备电控设计及编程。他经常下班后一个人在车间研究可编程逻辑控制器。他一边看、一边学、一边做、一边调试，3个月后，他首次成功完成了一台小型抓取设备的电控设计和编程工作。现在看来，是那个动作简单的设备点亮了苏智勇的心：“我也可以做这样有创造性的工作！”这种创造令他格外有成就感，因为这种创造能把同事们从重复劳动里解放出来。在不到10年的时间里，苏智勇已经成长为车间自动化设备研发团队的核心骨干，一名熟悉PLC、电缸、运动控制器及机器人编程的“专家”。这个“专家”为了完成复杂的编程，可以缩着脖子、猫着腰在机器上的电脑前蹲守几个小时一动不动。

格兰仕公司也曾经尝试过找外面的公司和专业人员来进行设备改造，但效果往往不理想。一方面，对方不了解工厂生产线工艺和产品的具体情况，形成一套方案要花费较长时间，而且改造工程复杂，可行性偏低。另一方面，外请的改造团队需要整条生产线通盘设计，改造时，整条生产线就得停下来，公司等不起。有一次，定时器生产线到了非改不可的时候。起初，很多人都认为这条线无法改造，且改造不成功还将严重影响定时器的生产。但苏智勇和团队不但把硬骨头啃下来了，用可编程控制器取代了原来使用的十几个大电箱，而且改造是一点点、一段段进行的，完全没有影响到生产。

从2015年到2020年，工装技改团队研发了435台自制自动化设备，成功开展了93个重点工装技改项目，节约成本2 419万元。他们的改造让配套微波炉生产效率提高了37.6%，变压器车间人均生产效率提高了67.09%，成品上线失效率下降了88.79%。有些设备不断优化升级，已经迭代了好几次。

技能人才身处生产一线，了解生产过程的每一个环节，对技术的实际应用有发言权，只要不断思考探索，大胆地进行针对性尝试，就能创造出有价值的技术创新成果，实现个人进步与企业发展的双赢。

探究与思考

苏智勇团队的创新意识为公司创造了哪些价值？他们创造价值的背后凝聚了哪些劳动？试想一想，在现代社会，创新型人才对社会、对时代有着怎样的意义。

善用创新方法

做任何事情，都有一定的技法和窍门。运用技法和窍门可以便捷地找到解决问题的方案，达到事半功倍的效果。技能人才只要善于学习科学方法，在实践中使用这些科学方法，敢于进行创新思考与尝试，不怕失败，就能运用创造力改进自己的工作，逐渐成长为专业扎实且具有创新能力的人。

圆珠笔与“抓斗大王”

包起帆是上海知名的“抓斗大王”。他本是一名只有初中文化水平的码头装卸工，如果说他与别人有什么不同，那就是更爱动脑筋，更有一股闯劲。

20 世纪 70 年代末，他在上海南浦港务公司专门负责修理码头上的起重机。当时，码头的木材装卸仍要依靠工人下舱操作，即用钢丝绳把木材捆扎后，再用吊机起吊。这种粗放的作业方式，险象环生、事故不断。1981 年，先后有 3 名二三十岁的装卸工被木头压死。工友的不幸遇难深深触动了包起帆，他想，如果可以通过抓斗去抓取木材，就不需要人工了，就没有危险了。他把这个想法告诉了同事，得到的回复是原来码头的老师傅造过抓斗，可造出来也不能用。

面对前人的失败和一些人的劝阻，包起帆并没有放弃。在设计木材单索抓斗时，由于闭合点不在一处，木材抓斗有可能抓一大捆，也有可能抓一小根。为了解决这个难题，包起帆昼思夜想：“怎样使抓斗在任意点上面都能打开和闭合呢?”一天，他边想问题边摆弄着手里的圆珠笔，按一下，笔芯伸出来了，再按一下，笔芯缩回去了。他突然受到启发：“抓斗不也是开一下关一下吗? 这个笔芯伸缩的原理能不能移植应用到抓斗的启闭结构中去呢?”他马上把圆珠笔拆开来，可是想来想去，却琢磨不出作用原理。

新华社记者摄

包起帆赶到上海丰华圆珠笔厂请教，没想到一到大门口就吃了闭门羹。过了几天，他带着介绍信到了厂技术部，讲明请求，对方回答：“厂子有规定，未经批准任何人不得外传图样。”他不甘心，第三次前往丰华厂，直接找到厂长，讲明了来龙去脉。厂长被包起帆的执着感动，让他看了一下图样，包起帆就全弄懂了。根据圆珠笔的伸缩机构原理，包起帆很快设计出了一种在任意点上都可以打开和闭合的木材抓斗。这个项目不仅荣获了国家发明奖，还获得了美国国际发明展览会金奖。

正所谓“他山之石，可以攻玉”。包起帆在设计安全抓斗时运用了圆珠笔的工作原理，这是利用创新思维方法中的移植法进行创新。移植法的原理是利用各种理论和技术之间的互相转移进行创新。一般是把已成熟的成果转移、应用到新的领域，用来解决新的问题，是现有成果在新情境下的延伸、拓展和再创造。例如，大庆油田的采油工刘丽在使用口红时，发现转动底部，口红慢慢露出头来。她将这种旋转方式移植到盘根盒的改造中，设计了上下可调式盘根盒，转动手柄就可以一次性取出全部旧盘根，解决了采油工眼里的头疼活，将以前一个小时才能完成的操作时长缩短到了 10 分钟。

工人发明家

李超是鞍钢股份有限公司冷轧厂特级技师、鞍钢技术专家，是一个由普通工人成长起来的发明家，是学习型、技能型、创新型技术工人的典范。参加工作以来，他先后解决生产难题 260 多项，获得国家科技进步奖二等奖 1 项，创造经济效益 1 亿多元。

每一次生产中遇到的难点都会成为李超创新的起点。2006 年，鞍钢开发生产汽车板，生产过程中遇到了无法绕行的难关：钢板表面乳液吹扫不净。由于乳液清理系统采用的是德国技术，很多工友都劝他，“德国的技术可不要随便改，改不好，会更麻烦”。李超不信这个邪，他反复到轧机出口勘察、测量，钻到机架内查看乳液残留的位置，但多次试验均无功而返。

“旱路不通走水路。”李超采取求异思维，改变以往的模式，变事后集中吹扫为事先预防、分区吹扫，先对轧机出口每个甩带乳液的源头进行强力阻拦，再对带钢表面进行强力吹扫，从而达到更洁净、更高效、更省力的清理效果。2006 年 12 月，冷轧机乳液分区自动吹扫装置及相关技术在冷轧二号线正式投入使用，乳液清除率由 93% 提升到

100%，钢板表面质量从O3级提高到O5级，残次品率由8%降为0。中国工程院院士王国栋感叹："这项技术属国内外首创，国际上领先。由工人发明，了不起！"

求异思维也属于创新思维方法中的一种。它对司空见惯的似乎已成定论的事物或观点进行求异思考。由于受过去经验的影响，人们容易看到事物熟悉的一面，而对另一面视而不见。多使用求异思维，能够帮助人们克服思维定式，破除由经验和习惯造成的僵化模式，使思维更加灵活，从而找到更多解决问题的途径。在创新创造的路上，需要利用求异思维创造奇迹。

探究与思考

一家自助餐厅因顾客浪费严重而受到影响。出于无奈，餐厅规定凡是浪费食物者罚款10元，结果生意一落千丈。后经人指点，运用求异思维，餐厅生意又火爆了起来，而且杜绝了顾客的浪费行为。试想一想，餐厅采取了什么措施。

如今，在中国制造转向中国创造的时代，技能人才、工人发明家虽不是科学家，却像科学家一样钻研和执着。他们通过身体力行的实践操作，善思巧用方法技艺，为人们呈现了一个又一个匠心智造，在平凡的岗位上作出了不平凡的业绩。

敢于创新实践

惟创新者强，惟创新者胜。创新不是坐而论道，而是要付诸实践，面对各种风险困难，在不断的磨砺中完成。随着生产智能化、信息化升级，企业需要懂技术、会创新、敢创新的工匠。虽然创新有成本、有风险、有困难，但对于国家和个人而言，因循守旧、不善创新就会落后。

不断变换的人生赛道

从学校毕业的罗昭强成了一名维修工，但是创新的意识早早就扎根于他的脑海中。他说：“新时代的技术工人，不仅要埋头苦干，还要懂技术、会创新。”在罗昭强心中，一直将“懂技术、会创新”奉为圭臬。

20 世纪 90 年代初，罗昭强刚听到“工业计算机”时，就敏锐地意识到这种设备必将在未来的自动化生产中起到不可替代的作用。得知一汽专用机床厂引进了 PLC 可编程控制器，罗昭强想尽一切办法拜师学艺。他还自学了不同控制系统编程、调试、组态等技术，掌握了来自德国的比例阀控制技术。2005 年，在中国北车第二届职业技能竞赛中，他捧得维修电工组冠军奖杯，被授予“全国技术能手”称号。

维修电工并不能直接参与高铁制造。2015 年，罗昭强再三思考

新华社记者摄

之后，决定转岗至高铁生产调试一线。这是一个崭新的领域，一切都要从头开始。那段时间，他的手机、电脑里存满了各种各样的图样，连早晚乘坐班车时都在不停地研究。很快，罗昭强成为高速动车组制造中心调试车间技术团队负责人，率领团队先后完成复兴号中国标准动车组、京张智能高铁等国家和企业重点项目的试制和调试攻关工作，取得了数十项调试方法的创新成果，保证了动车组“零故障”出厂。

伴随着第六次中国铁路大提速，中国高铁事业迎来了发展的黄金时期，但从事高铁生产核心工作的调试工人，全国不超过2 000人，调试工作堪称“大熊猫”工种。罗昭强再次转换自己的赛道——为破解调试人才培训周期长、培训成本高、培训效率低的问题，开始研制动车组调试技能实训装置。罗昭强不是高铁的设计师，要研制实训装置必须先研究清楚动车组的电路图和逻辑图。一般来说，动车组平均一节车400~500张图样，那么一列车就是约4 000张图样。面对困难，罗昭强没有退缩。他夜以继日地研究图样，不懂就向工程专家请教。最终，他选取了最能体现动车组特点的受电弓、牵引、空调、安全环路等几个主要环节，模拟出这些大系统的操作逻辑。调试工掌握了这些原理和操作，就能基本掌握动车组调试的精髓。“高速动车组调试操作技能实训装置”被罗昭强成功研制出来。在2019年国家科学技术奖励大会上，由罗昭强主持完成的“高速列车整车调试环境模拟技术及应用”项目荣获国家科学技术进步奖二等奖。

在创新的道路上，罗昭强一刻也不愿停歇。在城铁车和出口车项目上，他研制的海外高端市场地铁列车模拟调试装置深受海外企业的青睐，中国工人的发明创造首次出现在海外高端市场上。

罗昭强创新不辍、奋力拼搏的生动事迹进一步印证了创新不是凭空想象，创新的灵感来源于扎实的理论基础和实践活动。罗昭强职业轨道的改变意味着巨大的挑战，这需要他不断钻研与付出，而支撑他成功跨过这一切的内在动力就是创新。罗昭强的经历告诉我们，新时代的技能学子应该有这样的职业信念：勤奋学习，做有技术的劳动者；勇于实践，做有追求的劳动者；乐于奉献，做有担当的劳动者；敢于创新，做有理想的劳动者。

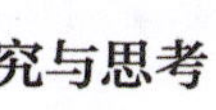

探究与思考

你知道关于番茄的传说吗？相传番茄的“老家”在秘鲁和墨西哥，它是一种生长在森林里的野生浆果。当地人把它当作有毒的果子，称之为“狼桃”，只用来观赏，无人敢食。请查阅资料，和同学分享番茄是如何被人们广泛食用的，并说说你从中得到哪些启示。

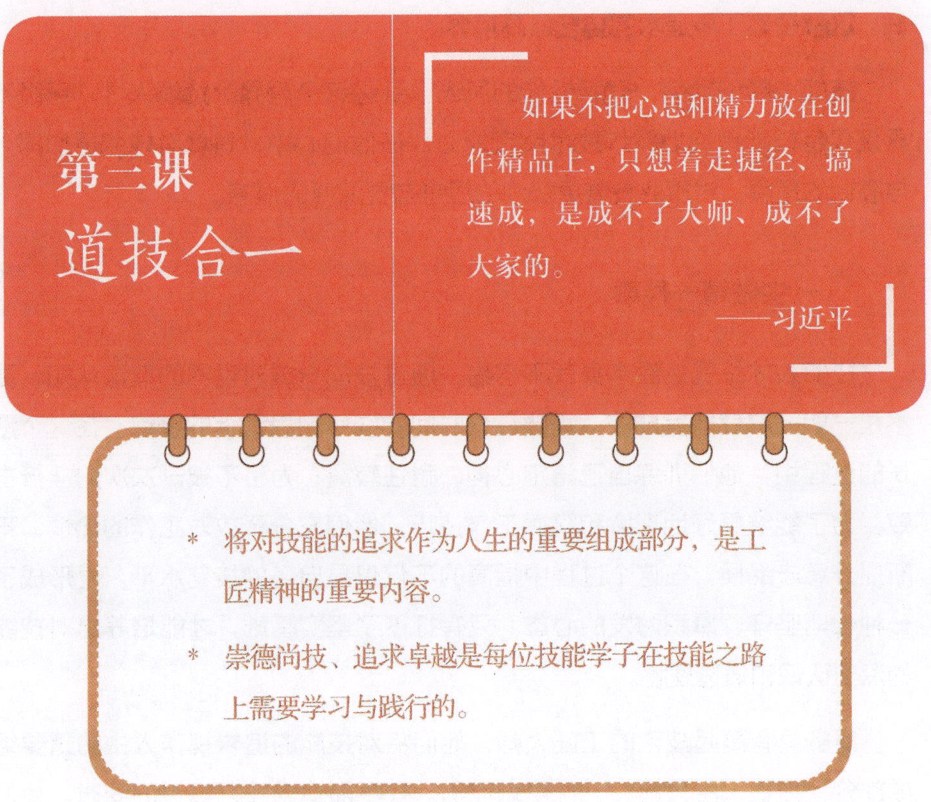

第三课 道技合一

> 如果不把心思和精力放在创作精品上，只想着走捷径、搞速成，是成不了大师、成不了大家的。
>
> ——习近平

* 将对技能的追求作为人生的重要组成部分，是工匠精神的重要内容。

* 崇德尚技、追求卓越是每位技能学子在技能之路上需要学习与践行的。

中国古代对于道与技的思考，早已有之。《庄子》中记载了战国时期魏国一名叫作“丁”的厨师（即“庖丁”），他在宰牛时不用看，闭着眼睛都可以完成整头牛的肢解分割，一把刀用了 19 年依旧和新磨好的刀一样，因为刀都是顺着牛自然的纹理结构来运动，刀锋如流水一般在牛的身体里顺畅地游走，刀在骨骼中间颇有余地，在宰杀的最后，牛如泥土散落在地上一样解体了。人们对他的技术大为惊讶，他说他早已超越了对技术的追求，自己爱好的和追求的其实是“道”。

技能水准进入“道”的境界，自然能够做到游刃有余，庖丁解牛的故事生动形象地描述了这种精妙状态。庖丁提出的“技经肯綮”，探究了道与技的关系，即通过多年的实践，不仅完全掌握了“解牛之道”，而且也通过解牛的技能，完成了对这个世界的客观认知，对世间万物的一般常理看得通透、精确，这就是庖丁所追求的技艺最高境界。

技能山峰的顶端，有着绝佳的风光。到达这个境界的技能人才，已经不再仅仅将技能单纯地看作技术或者能力，在他们心中，有着对技能更加深入与高远的理解，对事业有着更宏观的思考与更深厚的情感。

一生做精一件事

技能人才练就绝活本身就不容易，通过技能形成对世界的普遍认知，更不是一朝一夕就能完成的，需要经过时间的洗礼和思维上的磨炼。在这个漫长的过程中，他们训练自己稳定心神、耐住寂寞；为了不被一次次的挫折击败，为了能够更好地理解和掌握工作技巧，他们充分释放对工作的热情，不断提升意志品质。在这个过程中提高的不仅仅是自身的技艺水平，更形成了一种长期坚守、厚积薄发的心态。只有打下了坚实基础，才能培养出对技能的深刻认识和通透理解。

很多具有高超技艺的工匠大师，他们将对技能的追求视作人生的重要组成部分，往往一生只愿将一件事做完美。在不断追求技艺精进的同时，他们提升精神修养，练技修心。这正是名家大师通过劳动展现出的优异品质，也是工匠精神的重要内容，更是能够成为“大师”的关键。

上海滩的旗袍大师

旗袍是中国传统服饰之一。有人说，旗袍最能体现东方女子的韵味。

褚宏生，1918 年出生于江苏吴江，是家里的独子。他十几岁时就选择学裁缝手艺。既然要学，那就向最好的师傅学习。

在父母的鼓励下，17 岁的褚宏生来到上海响当当的朱顺兴裁缝店，跟随店里最好的师傅朱汉章学习。朱汉章不仅能做出精致的中式传统服装，还精通时髦的西式服装，可以称得上是中西式服装裁剪的大师。

经过三年的刻苦学习和磨炼，褚宏生出师了。机会偏爱有准备的人，他的手艺好，名声也就随之而来。他曾为影星胡蝶缝制过一件白色蕾丝旗袍。胡蝶穿着它上街，一时艳压群芳，这件“新式”旗袍也成了新的时尚风向标。有一次，一位电影明星无法上门量衣，助理拿了一张她穿旗袍的照片给褚宏生看，就这样凭一张照片，褚宏生做出了一件让明星非常满意的旗袍。

褚宏生做旗袍做了 80 余年。客人来定制旗袍时，他需要为客人量衣长、袖长、前腰、后腰等 20 多个尺寸；因为时令、年龄、个人喜好不同，旗袍上搭配的盘扣也不尽相同，而制作一个小小的盘扣需要耗时 3 小时；就连看上去简单的滚边，在传统的技法里也要滚上三四道，极尽繁复。少则一星期，多则一个月，褚宏生才能做出一件成品旗袍。

在机器制造年代，褚宏生仍然坚持手缝旗袍，一针一线保持着旗袍的“温度”。他认为，人手才能缝出圆润的感觉，体现出女性柔美的气质。正是一个手艺人近乎笨拙和执拗的坚持，才把旗袍做到“皮肤”的境界，完美地衬托出穿着者的身材和气质。

·我就是个做旗袍的，我不辛苦、不忐忑、不亏欠自己这几十年岁月，这就是我最好的人生状态。

探究与思考

袁隆平说：“一个人一辈子做好一件事，就足够了。”袁隆平是名副其实的世界杂交水稻之父，宇宙中还有一颗以他名字命名的小行星。他不仅是中国的国宝，也是世界的骄傲。对于袁隆平的贡献，你有何感想？请上网检索资料，查找 5 个一生只专注一件事情并为社会作出杰出贡献的人物，和同学分享他们的故事。

追求卓越无止境

技能大师们对于技能与职业的追求是无止境的，他们往往把这种追求看作是自我完善的重要组成部分，追求卓越、精益求精的精神早已融入他们的血脉。他们把对职业最深层次的热爱，对个人技能更高境界的渴望，转化为对产品近乎艺术般的创造，把每件产品当成自己的孩子来孕育，从而达到出手不凡的境界，实现“以道驭技”的极致状态。

最懂壁画“病痛”的人

古代壁画与彩塑保护修复专家、敦煌研究院修复师、大国工匠李云鹤，潜心敦煌壁画修复，近 90 岁仍耕耘不辍，被誉为“壁画医生”。从修复莫高窟 161 窟开始，李云鹤在没有修复经验可借鉴的情况下坚守敦煌 60 多年，修复壁画达 4 000 余平方米，修复塑像 500 多身，并开拓出众多国内首创的壁画修复技法。

敦煌文化结合了极具特色的西域文化，更蕴含着中华民族的精神和胸怀。但因时间流逝、沙漠生态的恶化和非法挖掘破坏，曾经辉煌灿烂的艺术殿堂莫高窟仅存洞窟 735 个，壁画 4.5 万多平方米，彩塑 2 000 多身。原本色彩动人的彩塑和壁画，出现了大面积脱色、掉落的现象，满目疮痍。

刚开始从事文物修复工作，李云鹤很迷茫，根本不知道从哪里入手。1957年夏天，当时的捷克斯洛伐克文物保护专家约瑟夫·格拉尔对莫高窟474窟开展修复试验，李云鹤有幸担任了他的助手。这是一个学习的好机会，工作中他几乎寸步不离格拉尔，仔细观察格拉尔修复试验中的每一个工艺细节。尽管格拉尔修复壁画所用技艺和材料都没有公开，但细心的李云鹤还是学到了方法，见识了一些先进的修复工具。在接触修复的过程中，李云鹤深感自己工作能力的欠缺，于是主动找到领导表示自己想去学美术，为文物保护工作打下基础，誓把保护工作做精做透。领导很是赞赏，并表示全力支持他学习。

敦煌飞天壁画

从此，李云鹤从零开始，跟文研所的雕塑家孙继元学习塑像雕刻，跟敦煌的“活字典”史苇湘学线描和临摹，跟其他老师在洞窟里学习临摹壁画……两年多时间，李云鹤寸步不离地跟在老师们身后，常常学至深夜才离开。

通过勤奋钻研，李云鹤练就了扎实的基本功。这之后，李云鹤又开始钻研改进修复工具。他发现，国外带来的注渗器推胶黏结修复材料在仰面修复窟顶壁画时不好控制力度，甚至会导致整片起甲的壁画脱落毁损。于是，他开始着手改进。后来，他又改良了吸耳球、软毛刷、特制黏结剂、木刀、喷壶、胶辊等几乎所有的修复工具。这些工具如今依然是保护敦煌文物的利器。

· 我做的工作可值了，壁画虽然不会说话，但天天对我笑眯眯的啊！

技术越做越精，思路越练越明。李云鹤在他的工匠道路上，不断求新求变、执着探索，几十年来，他在国内首创空间平移、整体揭取、挂壁画等壁画修复技术。

莫高窟220窟甬道壁画重叠，曾有人为看色彩鲜艳的晚唐五代壁画，故意将表层宋代壁画剥毁丢弃。李云鹤气愤至极。在征得领导同意后，他带着学生想办法对甬道进行整体搬迁，将表层的宋代壁画小心剥离，原样移接在底层唐代壁画旁边。一侧古朴，一侧鲜丽，仅6平方米的甬道，竟然使两个朝代跨越千年，在同一时空相逢。

李云鹤是国内石窟整体异地搬迁复原成功的第一人，国内运用金属骨架修复壁画获得成功的第一人，国内原位整体揭取复原大面积壁画获得成功的第一人……凭着对敦煌文物保护工作的热爱，他穷尽一生的时间去探寻、去实践让石窟重现昔日风采的方法。面对获得的诸多荣誉，李云鹤云淡风轻。

·“大国工匠”是对过去工作成绩的认可，但不是到顶了。无论干什么工作，只要把心思、努力用上，拿出你的实际本领，在这行里面干出来就是好工匠！

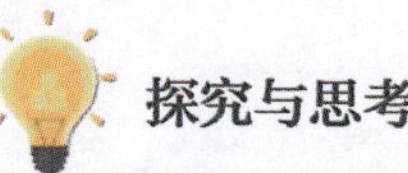

探究与思考

《庖丁解牛》中有这样的描写：“庖丁释刀对曰：‘臣之所好者，道也，进乎技矣。始臣之解牛之时，所见无非牛者。三年之后，未尝见全牛也。方今之时，臣以神遇而不以目视，官知止而神欲行。’”你是如何理解“道也，进乎技矣”的？说说自己的想法，并列举你熟悉的例子。

崇德尚技传家宝

真正的工匠内心深处的共同之处在于，既然选择了从事技能工作，就不要辜负这一决定，尽己所能地做到最好。他们不仅将工作看作是自我谋生的手段，更将其看作是实现自我价值的过程。他们以积极的心态去面对工作中的挑战，迎难而上地解决工作中的问题。在这个过程中，技能与人生相互促进，成就了道德与技艺的至善。

古代工匠技术的传授主要是家庭传授，为了保存工匠自家的一技之长，利用世代相传的力量，来提高家传技艺。现代社会，专业选择与职业机会众多，技艺的“父子相承”已大大减少，但工匠崇德尚技的精神品质仍是传家的宝贵财富，影响着后代的选择与操守，形成代代传承的技艺坚守之道。

耿鼎一家人

耿鼎

在云南昆明，有这样一个技术工人家庭。这一家人中有五口人是技术工人——父亲是车工，母亲是钳工，大哥、二哥是车工，弟弟是钳工。父亲耿鼎生前是昆明重工的八级车工、高级工程师、总工艺师，是20世纪八九十年代云南产业界赫赫有名的“车工刀具大王”。耿鼎的二儿子耿家盛是车工高级技师，小儿子耿家华是钳工高级技师。耿鼎和耿家盛父子俩都是全国劳动模范。

耿鼎的同事评价他说：“耿鼎的了不起就在于，从学车床，搞刀具，到一步一步走到技术的巅峰，他用自己一生的技术追求和成就诠释了任何一个人求‘学历’的目的在于最终成就做事的能力。”

个人的天赋以及努力学习、务实勤奋、敬业踏实使耿鼎的成就颇多。据《昆重春秋——昆明重型机器厂发展史》记载，在试制8/670活套式拉丝机时，他（耿鼎）创造了细长轴加工径长比1:213的国内最高纪录，他取得了可转位机夹车刀加工工艺、非金属材料切削刀具和蜗杆铣床加工工艺等25项科技成果，先后解决技术难题120多项，为省内外机械行业攻克技术难关421项，其中有30多项属于重大革新项目，3项达到国际先进水平。有了成就后，耿鼎将自己多年的技术心血毫无保留地传授给弟子、青工们。

耿鼎的成就不仅体现在技术方面，也体现在他的家风传承与对子女的严格要求上。他要求三个儿子做技术工人，常鼓励他们钻研技

耿鼎在指导耿家盛操作

术，积极参加各种技术竞赛，通过竞赛提高技术水平，家里也时常举行技术讨论会。三兄弟得到了父亲手把手的教导，学会了父亲多年探索出来的绝技。大儿子耿大鹏从 1983 年干车工，一直干到 1994 年，因厂里对他的工作进行调整才改行做了经营管理。二儿子耿家盛则从 1984 年迄今，一直专攻车工，30 多年从未停止。小儿子耿家华在以钳工为专业的同时，从 1998 年起，向耿家盛学习车工，学会开车床、刨床、铣床、磨床、镗床等，干了十五六年的车工，现成为技工院校机械加工专业带头人。

耿家盛在工作中 新华社记者摄

几十年来，耿鼎一家合力传承了一种重技术技能的家风，家风所及，耿氏兄弟各有所长。干一行、爱一行、精一行的工匠精神已经融入这一家人的血液中。

了解父亲从一名一线工人成长为行业专家能手的经历，耳濡目染父辈们对手艺技术的精益求精、重视人品甚于才华，耿家盛认为自己受益匪浅。他说：“我的一生都在传承父辈的技术、思想和对人生的要求。”

我国的大国工匠不仅在平凡的岗位上创造了不平凡的业绩，而且通过职业技能在求真务实上也作出了很多示范。他们默默坚守，孜孜以求，在平凡岗位上，追求职业技能的完美和极致，最终脱颖而出，成为一个领域不可或缺的大师级人才。学习他们的事迹，我们更深刻地认识到，只有那些热爱本职、脚踏实地、兢兢业业、精益求精的人，才能成就一番事业，才能充分实现人生价值。

新时代的技能学子恰逢最好的时代，要勤于学习，苦练技能，不断提高综合素质，练就过硬本领，更要坚持对精湛技艺的不懈追求，追求“道技合一”“以道驭技”的境界，在技能成才、技能报国的事业中不断攀登高峰。

探究与思考

《国语·周语》“其德足以昭其馨香”是成语“德艺双馨”的出处。请你举例说一说，什么是德艺双馨。

古代六艺指的是六种技能：礼、乐、射、御、书、数。请查阅资料，找出一两位在六种技能领域中德艺双馨的人才，并和同学们分享他们的故事。

拓展实践活动

创意作品展示

一、活动主题

展示创意作品，激发创新灵感，评选创意之星。

二、活动宗旨

参加展示的作品要注重创意的新颖性。喜爱动手的同学可以利用自己的慧心妙手设计出自己心目中有价值的作品，通过网络平台发布并获得评论点赞。

三、活动时间

两周。

四、活动实施

1. 班级同学分成若干小组，并选出组长完成角色分工。每组设计出不少于5种创意作品，作品类型要求具有多样性。

（1）手绘工艺类：彩嵌陶艺、中国结、手工娃娃、挂件饰品、手绘衬衫、手绘鞋帽、手绘帆布袋等。

（2）传统技艺类：作画装裱，制作民族饰品等，展示个人收藏等。

（3）原创设计类：环保创意（回收利用并做成新产品）、原创漫画（或其他艺术类作品）、原创诗词、创意卡片、创意平面设计、原创摄影作品、原创音乐和视频等。

（4）时尚生活类：服装服饰制作、玩具制作等。

（5）其他各类能彰显现代技工院校学生及年轻人创新思维和创意灵感的作品。

2. 为本组的创意作品做好设计说明，如创意分享、功用说明等。

3. 小组完成作品后，选择校园人流较多的地方宣传展示。

4. 每个小组选出讲解员，负责展示时的讲解工作。

5. 完成微笑影像收集：收集活动当天记录参与者笑脸的影像。

6. 把本组创意作品发布在网络平台，统计点赞数和评论数。

7. 根据每组获得的笑脸数量、网络平台的点赞数和评论数，完成创意之星评选。

·第四单元·

技能宝贵　创造伟大

在社会发展与国家建设中，技能发挥了巨大的作用。

通过本单元的学习，我们能够明晰个体在集体中的价值，明确“小我”成就“大我”的道理，深化对技能宝贵、创造伟大的认识，进一步坚定热爱劳动、技能立志、报效国家的理想信念。

第一课 从“洋货”到“国潮”

> 我们国家的发展前景十分光明，但道路不可能一帆风顺，蓝图不可能一蹴而就，梦想不可能一夜成真。人间万事出艰辛。越是美好的未来，越需要我们付出艰辛努力。
>
> ——习近平

* 新中国70多年的发展史，既是中华民族自立自强的伟大历程，也是全国人民齐心协力奋力实现工业化、现代化的光辉历程。
* 在追求民族独立、国家富强、人民幸福的伟大事业中，技能人才发挥了不可磨灭的作用。

回顾新中国成立以来的建设历程，成就辉煌，令国人自豪。在中国共产党的领导下，我们创造了世界瞩目的经济奇迹，建成了一批世界领先的重大工程。在关乎国运、民生的伟大事业中，每一位参与者都作出了贡献，技能人才都是参与者、见证者、建设者。

愈难愈坚定的中国志气

新中国成立初期，国家工业基础非常薄弱，人民生活水平低下，整个国家处于一穷二白的境况。毛泽东主席曾感慨地说：“现在我们能造什么？能造桌子椅子，能造茶碗茶壶，能种粮食，还能磨成面粉，还能造纸，但是，一辆汽车、一架飞机、一辆坦克、一辆拖拉机都不能造。”这段话形象地概括了当时我国工业的状况。

知识链接

新中国成立以前，很多机器、日用品名称前都加上了一个“洋”字，雨伞叫“洋伞”，白纸叫“洋纸”，火柴叫“洋火”……这是因为当时中国的工业生产水平落后于西方国家，清末民初，开始大量进口西方工业产品，出现了众多“洋货”。当时的中国，连最常见的火柴、肥皂都难以生产，传统农业经济生产的面粉、布匹也因为生产能力的差距，很难与进口的白面、布匹竞争。在很长时间内，中国人的生活中充斥着大量“洋货”。

新中国成立之初，我们急需建立起属于自己的完整工业体系，真正实现民族独立富强。在新中国的社会主义建设热潮中，工人阶级以巨大的热情投入到爱国主义劳动竞赛和增产节约运动中，为新中国的经济恢复和建设出力。这一时期全国各地涌现出一批批劳动模范，时传祥、王进喜、孟泰、郝建秀……他们所在的行业不同，心里却都憋着相同的一股劲儿——无论吃多少苦，作出多少牺牲，也要建设好社会主义新中国。他们在各自的岗位上连创佳绩，而背后则是多年的艰苦奋斗，克服了难以想象的重重困难。

钢铁工业是现代工业的重要基础，我国在 1949 年钢铁年产量只有 15.8 万吨，不到当时世界钢产量的千分之一。成立于 1948 年 12 月的鞍山钢铁集团，是新中国第一个恢复建设的大型钢铁联合企业和最早建成的钢铁生产基地。20 世纪 50 年代的鞍钢，涌现出大量的技能人才，他们爱岗敬业、奋发图强、精益求精，全身心地投入到新中国钢铁事业的建设中。

为了加快鞍钢和新中国钢铁事业的发展，在鞍钢两代知名劳动模范孟泰与王崇伦的组织和带领下，1959年底鞍钢组建了一支人数多达 1 500 人的技术协作队，以劳动模范、先进人物为骨干，带动了大量热爱技能创新的工人参与其中。他们利用周日休息时间，自发地聚集起来，通过广泛交流切磋进行技术攻坚。到 1962 年底，鞍钢技术协作队的人数已经达到了 15 000 人，包含了车、钳、铆、电、焊等各工种，可以完成设计、施工、抢修等多种任务。这支队伍凭借高超技能，为鞍钢解决了大量的生产难题。在鞍钢的带动下，整个辽宁省的钢铁工业也取得了巨大发展，创造出了多个全国第一。

孟泰

王崇伦　新华社记者摄

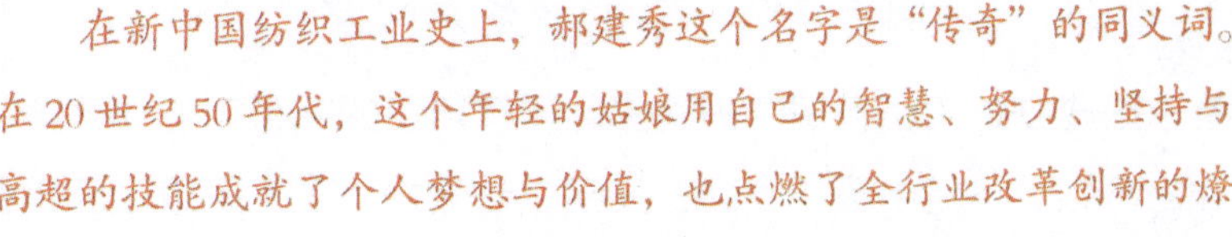

郝建秀工作法

在新中国纺织工业史上，郝建秀这个名字是“传奇”的同义词。在 20 世纪 50 年代，这个年轻的姑娘用自己的智慧、努力、坚持与高超的技能成就了个人梦想与价值，也点燃了全行业改革创新的燎原之火。

1949 年，郝建秀如愿来到青岛国棉六厂上班，成为新中国第一代纺织工人中的一员。郝建秀被分到细纱车间做了一名挡车工，给棉线接线头。这是件很累的技术活，一旦接不好，棉线就会变得疙疙瘩瘩，成为皮辊花，也叫白花。白花出得越多，就意味着纱线产量越低。由于年龄小，郝建秀刚开始找不到干活的技巧，连续几天受到批评。为了不拖集体的后腿，聪明而又执着的郝建秀跟白花较上了劲，下班回家后她会在小本子上涂涂画画进行总结，第二天再带着新想法到车间去实践。她还专门拜老工人为师，勤学勤问。凭着不服输的倔

新华社记者摄

脾气，郝建秀终于熟练地掌握了操作规律，成为全厂出白花最少的工人，连续7个月平均皮辊花率0.25%，仅为全国平均水平的1/6。

1951年6月，有关部门组成专门小组，对郝建秀的接头动作、接头时间、清洁工作时间、动作顺序等进行观察、测定、分析和研究，总结出了一套“细纱工作法”，将它命名为“郝建秀工作法”。1952年5月，郝建秀所在的细纱车间甲班第七生产小组被命名为“郝建秀小组”。1953年，在全国第一次纺织劳模大会上，郝建秀小组被授予“永远发挥火车头的作用”锦旗。

20世纪50年代，“郝建秀工作法”在全国各地纺织企业普遍推广，该方法极大地提升了纺织工人的工作效率，点燃了中国数百万名纺织工人开展技能升级、改革创新、争创一流的巨大热情，先后有79位细纱工的皮辊花率打破了郝建秀的工作纪录。郝建秀工作法的推广也带动了全国纺织行业“五一织布工作法”等80多个工作法的陆续产生，对中国纺织工业的基础管理、劳动组织调整和操作技术的规范产生了巨大作用，为新中国纺织工业的发展和支援抗美援朝作出了历史性贡献。

时至今日，郝建秀小组拼搏创新、无私奉献的“火车头”精神依旧代代相传，连续 60 多年月月超额完成生产计划，出色完成各种新品种试纺任务，培养出干部及技术骨干 300 多人，荣获国家级、省部级和市级集体及个人荣誉 130 余项，成为全国班组建设的一面旗帜。

我国第一颗原子弹爆炸成功　新华社记者摄

从 1960 年第一枚导弹发射成功，到第一颗原子弹、第一颗氢弹爆炸成功，再到第一颗人造卫星发射成功，“两弹一星”事业在新中国内有困难、外有压力的情形下，从零起步并取得令世人瞩目的成就。

1964 年 10 月 16 日 15 时，我国在西部地区爆炸了一颗原子弹，成功地实现了第一次核试验。这次核试验的成功，是我国国防建设和科学技术方面取得的一项重大成就，它标志着我国国防现代化建设进入了一个新阶段。

原子弹工程是一个庞大的系统工程，并不仅仅由科学家们在实验室完成，它包括科研、设计、制造、生产、试验等许多环节。除了功勋卓著的钱三强、邓稼先等科学家，还有千千万万名劳动者在各自的岗位上辛勤工作、默默付出，他们每个人就像一颗颗小原子，当他们紧紧地、牢牢地汇聚在一起时，就能爆发出巨大的威力，这力量足以改天换地。

为了尽快得到重要核装料——铀，铀矿勘查地质队用土法炼铀，几个大桶里装上用铁锤砸碎的矿石和腐蚀性强的硫酸、硝酸，用布袋过滤沉淀物，靠着这样的原始方法，工人们在短时间内生产出了 160 多吨重铀酸铵，为我国首次核试验赢得了时间。科技工作者、部队指战员、工程师、工人、民兵们驻扎在荒无人烟的戈壁上，冒高温、顶沙尘、住土屋、挤帐篷、喝咸苦水，奋战两年多建起了试验基地。为了研制一个新的型号，设计一个复杂精巧的工程结构，制作一个精密的元件或零组件，技术人员和工人们奋不顾身、呕心沥血、日夜奋战。这许许多多来自五湖四海的建设者们，在朝气蓬勃的青春时代，毅然奔赴国防尖端技术建设第一线，共同谱写了“两弹一星”精神，将伟大的精神力量赓续传承。

“原三刀”

我国第一颗原子弹使用的核材料是两颗总重约 15 千克、体积只有橙子大小的铀 -235 半球。这两颗铀半球的加工工作很危险，一旦铀屑积聚就会引起裂变链式反应。这两颗铀半球的加工精度还要求极高，在没有精密数控机床的那个年代，能用球面机床进行加工的人，全中国也数不出几个，而上海汽车底盘厂的技术工人原公浦就是其中之一。

当加工铀半球的任务落到原公浦身上时，领导语重心长地说：“原公浦同志，铀 -235 铸件只有两套，每套都不能有任何的损坏。这是我们的命根子，比我们的生命还重要!”领导说得一点不夸张。当时，在美国 1 千克铀 -235 的售价超过 1 500 万美元；在中国，为了这两块铀坯，从探矿算起，已经耗费了 10 多万人 10 年的光阴。

面对危险，面对困难，面对高昂的代价，原公浦没有退缩。他说，党的需要就是自己的志愿。说到做到，正式加工前，原公浦每天都要站在车床前，穿着笨重的防护服，戴着特制口罩和手套，操作车床，

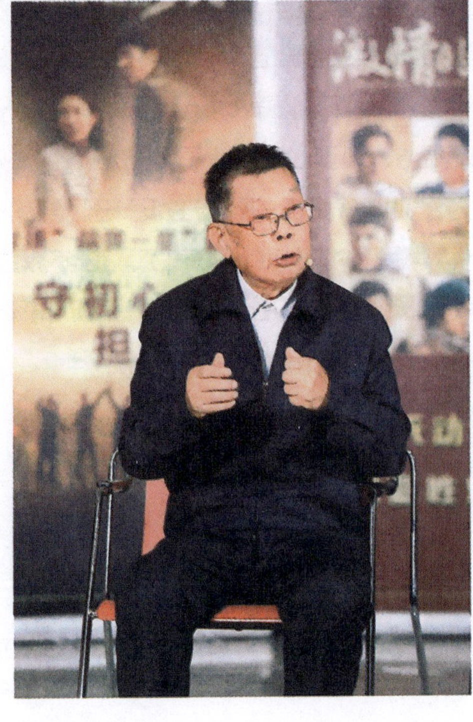

练习切削，再苦再累也坚定不移。

1964年4月30日晚8时，加工首枚原子弹正样铀球的时刻到了。加工由3人完成。原公浦主刀，每车一刀，厚度仅有头发丝的十分之一。第二人为监护，一面关注原公浦的操作，一面及时拾起他车下的铀屑，防止其积聚在切削盘内。第三人负责测量，每车三刀，就测量一次，看看还差多少，还要车多少刀。

车床一启动，气氛就紧张起来。刚车了两刀，铀铸件突然从真空吸盘上脱落掉进了切削盘内。加工立即中止。稍事休息后，原公浦再次走上工作台，伴随着嗞嗞的进刀声，铀铸件在他手中慢慢改变了模样。

最后时刻，原公浦报告：“我要加工最后三刀了。”这是关键的三

· 我们当时有一句口号，叫作好青年志在四方……党的需要，就是我的志愿。

刀：车多了，整个铀球就要报废，10多万人10年的成果就要在他手里泡汤；车少了，达不到标准，产生了硬化层，就加工不了了，铀球不能拿去组装，原子弹也就不能爆炸。原公浦全神贯注，车一刀，停下来量一下尺寸；然后进第二刀，再停下来仔细测量；车完最后一刀，他长长地松了一口气，几乎要瘫倒在地。检查员报告，核心部件的精确度、同心室及尺寸等各项数据全部达到设计指标。大伙儿一拥而上，把原公浦高高地抛向空中。从此，他有了一个响亮的名号——原三刀。

探究与思考

进一步查阅相关资料，说一说“郝建秀工作法”的基本内容和主要价值是什么，原公浦为什么被称为“原三刀”，从郝建秀和原公浦身上，我们看到了什么样的中国志气。想一想还有哪些案例，可以体现这种中国志气。

新中国成立后，各行各业涌现出了大量劳动模范、技能高手，他们每一个人都将提升技能、超额完成本职工作作为自己奋斗的目标，发自内心地将自己的工作与企业的生产和共和国的发展视为一体。他们坚信多织一匹布、多做一个零件、多炼一炉钢，国家的工业化就能发展得快一些，人民的生活就会好一些，祖国在国际上的腰杆就能硬一些。他们不计较个人得失，凭着对事业、对祖国的热爱，想方设法提升技能水平，推进改革创新。正是因为这些劳动者和技能高手的爱岗敬业、争创一流、艰苦奋斗、勇于创新、淡泊名利、甘于奉献，才支撑着共和国走过最初的艰难险阻，为国家的全面工业化与现代化打下了坚实基础。

山海不可挡的中国力量

从穿越复杂地质地形的山区铁路到高速铁路，从长江大桥到跨海大桥，从核潜艇到深海载人潜水器，翻越高山、跨越江河、潜入大洋，没有任何艰难险阻能挡住中国发展的步伐。中国奇迹的创造有多种因素，但最关键的因素一定是人的因素。千千万万的劳动者是中国奇迹的基石，而不断壮大的技能人才队伍是其中重要的组成部分。

中国幅员辽阔、内陆深广、人口众多，资源分布及工业布局不平衡，铁路运输在各种运输方式中的比较优势突出，在经济社会发展中具有特别重要的地位和作用。新中国成立前，中国仅有铁路23 500多公里，而且，这些铁路大多数被帝国主义列强霸占了实际控制权，铁路成了他们疯狂掠夺中国资源和财富的工具。例如，沙皇俄国修建并控制了中国东省铁路和南满支路，德国在山东建造了胶济铁路，法国修筑了滇越窄轨铁路等。新中国成立后，在中国共产党的领导下，我国掀起了一波波铁路建设高潮。截至2019年底，全国铁路营业

新华社记者摄

里程13.9万公里，其中高铁超过3.5万公里，位居世界第一。

成昆线上的学子们 新华社记者摄

在新中国修建的诸多铁路中，成昆铁路（简称成昆线）负有盛名。它是连接四川省与云南省的国铁Ⅰ级客货共线铁路，为中国西南地区的干线铁路之一，也是中国三横五纵干线铁路网的一纵。坐在飞驰的成昆列车上，乘客犹如在一幅壮美山水画中穿行：翠绿满目、峭壁飞瀑、峰回路转。金沙江畔的攀枝花市是中国现代钢城、钒钛之都，这里生产了全国三成以上的高铁钢轨、80%的出口钢轨，全部依赖成昆铁路运输。成昆铁路更是西昌卫星发射中心的生命线，没有成昆铁路的运输保障，就没有发射中心顶风云、举北斗、托嫦娥、铸天链这些骄人业绩。成昆线还承载着沿线学子外出求学和各民族同胞脱贫致富的梦想。而这一切的美好是成昆铁路一代代的建设者、养护人和运营者用汗水、智慧、青春乃至生命换来的，他们克服了铁路建设之艰与养护之难，不怕牺牲、挑战极限，为国家建设、地方发展、民族团结进步发挥了难以估量的巨大作用。风雨兼程半个多世纪，这条铁路线创造着人间奇迹，开拓出了中国人的追梦路。

成昆铁路的“筑”与“守”

筑路——天堑变通途

成昆铁路，这条修建于半个世纪之前的千余公里铁路线，开创了18项中国铁路之最、13项世界铁路之最，荣获“国家科学技术进步奖特等奖”。在当年的技术条件下，成昆铁路的建成是当之无愧的人间奇迹。

成昆铁路一线天桥建设

中国的西南大地，曾被多国专家断言为“铁路禁区”。成昆铁路全线贯穿地势险峻的高山峡谷，地形和地质极为复杂，线路所经之处有“露天地质博物馆”之称，加上地质灾害频繁，铁路设计难度之大、工程之艰巨、施工之复杂，均前所未有。为跨越地质地形障碍，成昆线架设桥梁 991 座，开凿隧道 427 条，桥隧长度占线路总长四成多。修成昆铁路时，机械数量少，基本靠人力。一杆风枪、一把铁锹、一辆推车，就是当时打隧道的工具。建设者们有一百分的力气、一百二十分的干劲。在这项伟大工程的背后，是 36 万军民 12 年 4 000 多个日夜的艰苦奋斗、挑战各种极限的顽强，是 2 000 多名筑路英烈的牺牲。

1970 年 7 月 1 日，成昆铁路建成，谱写了新中国铁路史上的壮丽诗篇，创造了世界铁路建设史上的奇迹，改变了当时西南地区铁路沿线 2 000 万人的命运。

守路——守护伴奇迹

建成昆难，运维成昆亦难。外国专家曾预言：“成昆铁路即使修通了，也会变成一堆废铁。”而50多年来，一代代成昆人用心用情甚至用生命，守护着这条铁路大动脉的有序运营，打破了外国专家的预言。

“金江的太阳，马道的风，燕岗打雷像炮轰，普雄下雨如过冬……”，这首广为流传的民谣唱出了成昆铁路沿线复杂的气候状况。在成昆线上，扎根深山车站的人很多，几十年来涌现了无数各族职工爱岗敬业、无私奉献甚至舍身为民的感人事迹，于无声处折射出铁路职工们为民服务、甘于奉献的价值追求。

山上的落石是成昆线的心腹之患。1970年10月，成昆铁路通车仅3个月，原乌斯河工务段便组建了孤石危岩整治队，在悬崖陡坡上查危石、排险情。1974年，整治队首任工长白清芝在作业时，保险绳被岩石磨断，坠下悬崖，不幸牺牲。但是，一代代“孤石人”前仆后继，在祖国西南的深山里，守了一辈子山头，看了一辈子石头，从未间断。后来，戴启宽接过整治队

新华社记者摄

的旗帜，搜山扫石 25 年。戴启宽退休后，这支队伍就以他的名字命名，延续至今。现任孤石危岩整治队班长的江永 53 岁，已搜山扫石 35 年。

成昆线上峡谷纵横，很多小站位于大山深处，除了路轨，再无其他方式与外界连接。除了危险，还有艰苦和寂寞。在海拔 2 478 米、被称为“风之站”的沙马拉达车站，值班员耿玉坤 1988 年来到这里，坚守至今。上级要将他调到条件较好的车站，他婉言谢绝：“时间长了，对这里有感情了。”

还有“新时代铁路榜样”扶贫“小慢车”列车长阿西阿呷，值乘“小慢车”20 多年往返于大凉山，真诚服务沿线彝族旅客，让这趟充满爱的“小慢车”载着大凉山的彝族旅客不断奔向美好幸福的新生活。

进入高铁时代，成昆铁路复线正在紧张施工建设中。成昆铁路复线北接成都，南连昆明，全长 1 090 公里，部分重要路段已经建成通车，成都到昆明全线预计在 2023 年初正式开通。届时，成昆铁路复线与成昆铁路旧线将实现客货分离，大幅提升西南地区铁路客货运输能力，实现我国西南地区与西部地区以及东南亚地区的互联互通，对促进地区经济社会发展均具有十分重要的意义。

几代成昆铁路建设者、养护人为了国家的发展、为了人民群众的幸福生活，用他们的技能与劳动筑起了发展路，护好了幸福路，托举起这个伟大的时代，撑起了中华民族独立自强的钢铁脊梁。今天的铁路建设技术更先进，建设经验更丰富，铁路运营与养护也更便利，但在建设、运营中依然面临着很多困难和挑战，仍然需要新一代建设者继续保持艰苦奋斗的作风，在更高水平上书写铁路建设的华丽篇章。

毛泽东在《水调歌头 · 重上井冈山》中畅想，“可上九天揽月，可下五洋捉鳖”。今天，遨游太空和深游大洋已经成为现实。无论是探索深海科学奥秘，还是开发海洋战略资源，都离不开海洋高技术的支撑。近年来，我国的深海科技发展迅速。2012 年，蛟龙号载人潜水器下潜至 7 062 米，创世界同类作业型潜水器最大下潜深度纪录。2017 年，作业能力达到水下 4 500 米的深海勇士号载人深潜器正式投入使用，国产自主率超过 95%。2020 年 11 月 10 日 8 时 12 分，中国奋斗者号载人潜水器在马里亚纳海沟成功坐底，坐底深度 10 909 米，创造了中国载人深潜的新纪录，标志着我国在大深度载人深潜领域达到世界领先水平。

深海载人潜水是一项涉及多学科的系统化复杂工程，在海平面数千米之下的深海进行作业，对潜水器的设计、建造、加工、装配的要求非常高，需要多个工种、多个部门高标准、高精度地协同完成相关任务。奋斗者号总设

计师、万米海试总指挥叶聪曾介绍说："中国的载人潜水器经过 20 多年的发展，凝结了全国 100 多家优势科研院所和企业的努力，是中国深海科技的集中体现。"他更强调，许多任务需要科学家、设计师和技能人才共同努力才能完成。载人潜水器设计和图样最终需要技能人才的双手来"落地"，否则一切都是纸上谈兵。

爱拼敢钻的"顾两丝"

顾秋亮是中船重工七〇二所的钳工技师，安装调试过蛟龙号等几十项重大项目。即便是在颠簸的大海上，他手工打磨维修的潜水器密封面平面度也能控制在两丝以内，因此人称"顾两丝"。

2004 年，蛟龙号开始组装，顾秋亮和同事们一起被抽调到这个项目，凭着"两丝"的功力，顾秋亮被任命为装配组组长。蛟龙号是中国首个大深度载人潜水器，组装起来没有可以借鉴的经验，顾秋亮他们只能一点点摸索。在潜水器总装之初，如何将上千个零部件整合为一台功能齐全、性能优异的潜水器，是横在顾秋亮和同事们面前的一座大山。顾秋亮爱琢磨的那股"钻"劲发挥了大作用。蛟龙号使用的钛合金框架强度高，打孔异常困难，但光是 M6 型螺丝孔就得打 700 多个，而

且板很薄，螺丝很难吃牢。为此顾秋亮带着徒弟一起想出了办法：在孔的反面加焊螺母，不仅能吃牢螺丝，也不怕以后松动了。

顾秋亮说

· 在海上工作生活确实很苦很累，但我感到很兴奋、很自豪。不管是晚上加班到半夜还是早上五点半起床保养潜器，不管日晒还是雨淋，我感到很光荣，能为海试出一份力，我很骄傲，因为在祖国的深潜纪录中有我的汗水，光荣！

潜水器的结构件及设备安装都有非常严格的要求，所有结构件、零部件的安装必须到位，强度必须保证。例如，潜水器舯部两侧的测深侧扫声呐，对安装的精度要求非常高，顾秋亮根据设计安装图样设计并绘制安装工艺图，成功完成安装，满足了精度要求。

2009 年，蛟龙号开始海上试验。年过半百的顾秋亮义无反顾地踏上海试征程。一上船他就晕船严重，靠吃晕船药硬撑着投入到紧张的工作中。2012 年海试期间，顾秋亮和同事们连熬两个通宵，解决了进口推进器的问题。冲刺 7 000 米深度大关前夕，他冒雨抢修损坏的推力器，再次忙到凌晨。蛟龙号首席潜航员叶聪从深海返回，写下这样一段话："昨晚，同志们只睡了五个小时，顾秋亮则更少。今天早上，我来到'蛟龙'边，他们已做好了下潜前的准备。因为有了他们，我无所畏惧，无比自信。"

四年海试，并肩战斗的科研人员提到亦师亦友的顾秋亮，都会由衷地竖起大拇指，称他为"拼命三郎"！

新中国成立70多年来，特别是改革开放以来，我国的工业实现了由小到大、由弱到强的历史大跨越，由一个贫穷落后的农业国发展成为世界第一的工业制造大国。经过70多年的发展，依靠体制优势，我国在多个重要领域全面发力建设重大工程，不断登上新的高峰。

相较于新中国刚成立时，今天的中国，已经完成了最完整的工业体系建设，在诸多领域有了在全球范围具有知名度的中国品牌。从“洋货”遍地，到自给自足，再到如今的“国潮”奔涌，越来越多的中国产品、中国工程成为新闻焦点和年轻人关注的对象。“国潮”展现的是“中国制造”的创新和升级，是“中国创造”和“中国智造”向内发力的新气象，是中国人的道路自信、理论自信、制度自信、文化自信。从“洋货”到“国潮”，我们走到了世界舞台中央，正向世界展现中国人日新月异的力量与风采。

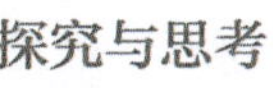

探究与思考

成昆铁路筑路、守路的历程体现了哪些伟大的中国力量？请查阅资料，说一说还有哪些了不起的中国制造，实现了“可上九天揽月，可下五洋捉鳖”的畅想。

第二课 从小我到大我

展望未来，我国青年一代必将大有可为，也必将大有作为。这是“长江后浪推前浪”的历史规律，也是“一代更比一代强”的青春责任。广大青年要勇敢肩负起时代赋予的重任，志存高远，脚踏实地，努力在实现中华民族伟大复兴的中国梦的生动实践中放飞青春梦想。

——习近平

* 新时代属于每一个人。
* 新时代的舞台上，每个人都可以成为演奏家。
* 一滴水只有放进大海里才永远不会干涸，一个人只有当他把自己和集体事业融合在一起的时候才最有力量。

习近平总书记在纪念五四运动100周年大会上指出：“青年的人生目标会有不同，职业选择也有差异，但只有把自己的小我融入祖国的大我、人民的大我之中，与时代同步伐、与人民共命运，才能更好实现人生价值、升华人生境界。”

全面建设社会主义现代化国家新征程，需要大量技能人才参与。因此，我们每个人都有很多的机会。只有善于把握机会才能成功，而机会是围绕时代主题产生的。在今天的中国，时代主题是中华民族的伟大复兴。我们要把自己的努力放到这个主题之中，从而获得更大的发展空间，赢得真正的精彩人生。

一群特殊的大国工匠

2019 年 3 月 1 日，中华全国总工会、中央广播电视总台联合录制的“大国工匠 2018 年度人物”颁奖典礼播出了。这次颁奖典礼围绕党的十八大以来在国际社会能体现“中国荣耀”的国家重大项目和重大工程，选取了 10 位“为国筑梦”的大国工匠，分享他们参与重大项目、重大工程建设的感人故事。

在颁奖典礼的最后时刻，节目组将特别致敬环节献给了最特殊的大国工匠——港珠澳大桥建设者团队，为这项举世瞩目的伟大工程拼搏、奉献过的 3 万多名普通的建设者。他们和其他 10 位大国工匠一样，是中国建设事业的中流砥柱，是中国工匠的优秀代表。他们用 9 年的光阴、高超的技能、坚韧不拔的意志创造了载入史册的伟大工程，书写了中国技能工匠的华彩篇章。

在港珠澳大桥建设过程中，3 万多人的建设大军历时 3 000 多个日日夜夜，创新项目超过 1 000 个、创建工法 40 多项，形成 63 份技术标准、创造数百项专利（中国国内专利授权 53 项）；先后攻克了人工岛快速成岛、深埋沉管结构设计、隧道复合基础等十余项世界级技术难题，带动 20 个基地和生产线的建设，形成拥有中国自主知识产权的核心技术，建立了中国跨海通道建设工业化技术体系。这座大桥的建成，使中国一跃成为沉管隧道建设的领军大国，开拓了中国建造的新高度，使中国迈入桥梁建设强国。

全长 55 公里，是世界上最长的跨海大桥；设计使用寿命 120 年，打破了世界上同类型桥梁的“百年惯例”。 → **最长的跨海大桥**

海底隧道深埋部分长 5 664 米，由 33 节钢筋混凝土结构的沉管对接而成，是世界上最长的海底沉管隧道。 → **最长的海底沉管隧道**

港珠澳大桥珠海连接线的核心控制性工程——拱北隧道是世界上最大断面的公路隧道，采用双向六车道设计，全长 2 741 米，由海域人工岛明挖段、口岸暗挖段以及陆域明挖段三种不同结构的隧道连接而成。 → **最大断面的公路隧道**

每个标准沉管长 180 米，宽 37.95 米，高 11.4 米，重约 80 000 吨，是迄今为止世界最大体量的沉管；沉管浮在水中的时候，每个标准管节的排水量约 75 000 吨。 → **最大体量沉管**

数万吨沉管在海平面以下十几米至四十几米不等的水深处无人对接，对接误差控制在 2 厘米以内，被喻为“海底穿针”。 → **最精准“深海之吻”**

林鸣是港珠澳大桥岛隧工程项目总工程师。20 世纪 70 年代，他是工厂的小学徒。在那段日子里，林鸣拿着锉刀在厂里练习锉、锯、凿、刨等基本功，每次都练到力倦神疲才肯罢休。事后回忆起来，他多次感叹正是在工厂那几年的反复磨炼，才让他具备了类似于天赋的动手能力。这种能力为他日后的工作提供了非常大的帮助。他接受媒体采访时说：“桥的价值在于承载，而人的价值在于担当。首先是担‘责’不推，其次是担‘难’不怯，最后是担‘险’不畏。”港珠澳大桥的数万名建设者正是以这种担当精神，连续工作了9年。每一位技术员、每一位钢筋工、每一位混凝土工、每一位测量员、每一位试验员、每一位船员、每一位管理员，都是大桥建设的主人公，是一颗颗在平凡岗位上发光发热、无私奉献的“螺丝钉”。他们各自的职业生涯因港珠澳大桥而熠熠生辉，粤港澳大湾区的综合竞争力因他们而显著提升。

一颗螺丝都不放过

管延安是参与港珠澳大桥建设的一名钳工。1995年，他在亲戚的介绍下进入了青岛一家航修厂，开始跟着师傅学习钳工。在随师学艺的过程中，管延安最大的业余爱好便是看书。在熟练掌握各门钳工技艺后，他还拜师并自学了电器安装调试和设备维修等技能。在这种勤奋好学和严谨认真的努力付出中，这位来自农村的普通小伙，成长为中国“深海钳工第一人”。

20多年来，螺丝拧了拆，拆了拧，他并不觉得枯燥。他拧过的最大扳手几个人都抬不动，要用吊车吊；拧过的最小螺丝不到2毫米，跟芝麻粒一样。刚来建设大桥时，他并没有意识到这个工程的独特性，半个小时就把沉管中重要部位的蝶阀安装好了。但在调试的过程中，他安装的部分竟然漏水了，这一次细小的失误让上百个工友好几天的努力付诸东流。蝶阀事件让管延安有了翻天覆地的改变，此后他安装每一套蝶阀、每颗螺丝都要反复拧上三四次。别人半小时干完的活，在他手里要花上5个小时。

管延安负责的设备中有一种叫截止阀，作用是控制沉管对接时的入水量，调节下沉速度，从而让两节隧道在深海中精准对接。“如果在地面完成，只要拧紧螺丝就够了。但要在深海中完成两节隧道的精准对接，接缝处的间隙必须小于1毫米，就只能靠手感来操作了。”管延安说。1毫米的间隙无法用肉眼判断，他通过一次次的拆卸和练习，凭着手感，实现了对接“零缝隙”。为了达到这种最好的状态，他拧螺丝几乎不戴手套，“隔着一层布，手感就没了”。经过上万次的重复工作，管延安练就了左右手拧螺丝均能实现误差不超过1毫米的高精准水平。就这样，5年间，他为港珠澳大桥沉管隧道拧了62万多颗螺丝。

中新社记者摄

管延安说

· 工作能不能做好，关键在于思想。要想成为一个合格的建设者，光是勤学苦练、掌握技能是不够的，爱国敬业的工作态度往往更重要。

管延安还是“救火队长”。港珠澳大桥海底隧道第 15 节沉管第三次浮运安装期间，管内压载水系统突发故障，水箱不能进水，沉管安装只能暂停，必须安排人员进入半浮在海中的沉管内维修。浮在水上的沉管犹如一个巨大的混凝土箱子，除了一个直径一米多点的人孔，没有其他的换气通道。危急时刻，管延安带领班组人员快速开启人孔盖板进行检修。昏暗的沉管里，绑在安全帽上的头灯发出白色的光柱，稳稳地投射在绿色的蝶阀上。从进入管内检修、排除故障，到完成密封全程不超过 3 小时，效率之高令人惊讶。

管延安只是大桥建设者中的一员。“风浪炎暑练铁骨，港珠澳下铭美名”，在大桥服役的振浮 8 号浮吊船宣传栏上的这首小诗刻画出了大桥建设者的群像。6 年筹备，9 年建设，几十家设计施工单位，来自四面八方的 3 万多名建设者们将自己最青春、最激昂、最富创造力的职业年华留在了伶仃洋。在这样庞大复杂的建设中，所有建设者在攻坚克难、争创一流的过程中，共同探索创造了一个个看似不可能的奇迹。这是一群朴实而又可爱的人，不惧洋阔海深，一路栉风沐雨，砥砺前行。他们用自己的担当铸就了中国建造、中国制造、中国创造和中国精神，也成就了一支技术高超、意气昂扬的大国工匠队伍，让世界看到中华民族正以崭新姿态屹立于世界的东方。

一封特殊的感谢信

有经验的高技能人才在重大建设项目中发挥重要作用，会被认为合乎情理。那么，青年技能人才能否为国家的重点工程作出突出贡献？答案是肯定的。虽然有些人想不到，但这并不妨碍青年技工在社会主义现代化建设中大放异彩。

2020 年 12 月，衡阳技师学院收到了一封特殊的感谢信。这封感谢信来自上海航天局第八〇三研究所，他们感谢衡阳技师学院学生在长征五号运载火箭核心阀体加工、嫦娥五号重要产品的电子元器件组装等相关工作中作出的重要贡献。

感谢信

湖南省人社厅、衡阳技师学院：

2020 年 11 月 24 日，探月工程嫦娥五号通过长征五号遥五运载火箭在中国文昌航天发射场发射成功，开启我国首次地外天体采样返回之旅。我所研制的对接与样品转移控制单机圆满完成两器对接与样品转移自动控制过程，双谱段监视相机完美呈现两器接近过程并定格了上升器与“月牙状”地球交相辉映的珍贵画面。

在本次任务中，衡阳技师学院的学生承担了长征五号运载火箭某核心阀体加工工作，参与了嫦娥五号某重要产品的电子元器件组装相关工作，学生们刻苦勤勉，踏实工作，充分弘扬了“湖湘文化”，大力践行“追逐梦想、勇于探索、协同攻坚、合作共赢”的探月精神，为任务的圆满成功作出了贡献，特向支持我们校企合作的湖南省人社厅，向为我们输送优秀人才的衡阳技师学院表示感谢！同时，也希望学校能够继续培养更多的高技能人才，加入到航天报国的队伍中，进一步为我国成为航天强国作出更多的贡献。

中共上海航天局第八〇三研究所委员会

2020年12月12日

感谢信很快在衡阳技师学院师生中引起了强烈反响。这封信让衡阳技师学院学生感到无比自豪和光荣，他们纷纷表示这封感谢信更加坚定了自己掌握技能，走技能成才之路的决心，希望在今后的学习中继续磨炼本领，在毕业之后能像学长们一样为校争光，为祖国、社会贡献出自己的一份力量。

机械工程系的一位班主任感叹：“没想到火箭上天这样高大上的事情能与身边的学生有交集，但愿他们能以此为激励，走得更远，飞得更高。”她也感谢这个崇尚技能、尊重人才的新时代，希望这群“00 后”能继续以技为荣，成就精彩人生。

该校领导表示：“八〇三所这样的央企，是我们学生报效国家的好平台。我们的学生能有幸参加国家重大科研项目建设并圆满完成任务，得到社会和用人单位的认可，对学校来说是非常大的一个鼓舞，更坚定了我们培养学生的理念，从而引导更多学生走技能成才、技能报国之路。”

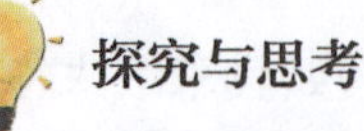

探究与思考

请你以衡阳技师学院学生代表的名义，给上海航天局第八〇三研究所委员会回一封信，表达自己的真情实感。

上述感谢信虽短，但意义深远。它折射出技能的价值，反映出国家对技能人才的渴求。它表明，只要学好技能，就能切实地为国家强大、民族复兴作出贡献，就能在时代的舞台上造就精彩的人生。这封信更像一块闪亮的屏幕，映现出全国几千所技工院校里认真学习职业技能、努力服务国家社会的数百万优秀学子的身影。从嫦娥工程、北斗工程、蛟龙号到地铁网络、摩天大厦、大型船舶等众多工程，都有着这群技能人才的身影。在大国工匠、中华技能大奖获奖者、世界技能大赛的参赛选手中，在各省（区、市）评选的技能大师中，技工院校的优秀毕业生常常占有较高的比例。

2020 年 12 月 18 日，在国务院新闻办公室的新闻发布会上，人力资源社会保障部相关负责人介绍，“十四五”时期要大力发展技工教育，把技工教育发展作为重要抓手，加快培养大批高素质劳动者和技术技能人才。在推动产业链、供应链优化升级中，要加强技术工人的供给。同时，推动提高技能人才的待遇，促进 2 亿名技能劳动者成为中等收入群体。

新时代给了我们更多的机遇，作为当代技能学子，要苦练内功，提高学习能力，培养钻劲与韧性，不负时代，不负国家，不负人民，让自己的职业生涯绽放光芒，在强国之路上奋勇前行。

一场特殊的大考

近年来，新冠肺炎疫情牵动着亿万国人的心。此次疫情是新中国成立以来传播速度最快、感染范围最广、防控难度最大的重大突发公共卫生事件，更是一场突如其来的大考。为了保障人民安全、防控疫情，我国各地采取了多种措施，严防严控疫情发展。

2020 年春节前后，湖北成为疫情防控阻击战的主战场，武汉更是中心。根据疫情防控的需要，武汉从 1 月 23 日开始封城。为减少人民生命财产损失，党和国家统一调度，举全国之力对湖北实施规模空前的生命大救援：数百支医疗队、数万名医务人员逆行而入，无数物资和能源迅速调配。更令人惊叹的是，数万名建设者用 10 多天时间先后建成火神山医院和雷神山医院，大规模改建了 16 座方舱医院，迅速开辟了 600 多个集中隔离点。

中国速度实现建设神话

疫情突发，人民的生命受到威胁。为了解决治疗床位不足的问题，2020 年春节前夕，武汉市决定在蔡甸知音湖畔修建一座容纳 1 000 张床位的火神山医院，在江夏黄家湖畔修建一座容纳 1 600 张床位的雷神山医院。“两山”医院在春节期间开工建设，分别用 10 天和 12 天就完成了从设计到交付使用的整个过程。中国速度实现了建设神话！

神话都是人书写的。国家有需要，人民在期盼，生命待救援！按正常流程，工期节点按天算，在火神山和雷神山，一切节点都以小时甚至以分钟计算。极限的工期要求，设计、施工、监理人员一起守在现场，边设计、边施工、边修改、边调整。4 000 余名管理人员、35 000 余名工人、3 500 多套机械设备披星戴月轮班作业，在两个“战场”上饱和式推进施工。工地上到处是车，到处是人。白天机器轰鸣、人声鼎沸，入夜灯光如昼、焊花四溅，即使风雨交加也没有停歇。每天只睡三四个小时、每天走上 3 万步是“两山”医院建设者的常态，甚至带伤作战、转战两地，却没人叫一句苦。每个人、每台装备，就像一颗颗螺丝钉、一个个零部件，紧密扣在一起，驱动着巨型机器，迅速搭建起抗击疫情的“安全岛屿”。

响应援建号召，敖文伟三兄弟驾驶自家的起重机，奔赴“两山”医院建设现场，操作起重机吊装设备，连续几天吃盒饭、住车上。退役军人党员周光京大年初三接到返岗通知后，和3位共同应召的战友于当天下午2点出发，逆行奔袭1 200公里，如约抵达雷神山医院建设现场。建筑工人钟巍巍带着父亲、哥哥来到工地，每天连续施工20多个小时，吃饭蹲在工地上，困了就靠在机器上打个盹。像这样舍命拼搏、默默奉献的感人故事，在火神山、雷神山医院建设中还有很多。

新华社记者摄

新华社记者摄

成千上万的建设者在短时间内完成集结，设计、交底、土建、设备安装、装修等全部环节无缝衔接，数百家分包单位、几万名建设者高效协同，用最短的时间建成了医院。“两山”医院的建设者和逆行出征的医务人员一样，以自己的职业技能为武器，与疫情争夺时间，用自己的方式为国家、为人民奉献力量。他们创造中国速度的背后是我国的制度优势在支撑，是中华民族顽强不屈的民族精神在推动。有党引领前行，有全国人民做后盾，每位建设者在大灾大难面前都迸发出无限勇气和惊人力量。

2020年4月2日，新华社发表文章《致敬“沉默的英雄”——记武汉火神山雷神山医院的建设者》，介绍了他们的事迹。这 4 万多名建设者在危难时刻，从八方赶来，并肩奋战，不为名利，无私奉献。他们的所作所为是对“劳动最光荣、劳动最崇高、劳动最伟大、劳动最美丽”的生动写照，他们是当之无愧的时代英雄。

我就是英雄

“两山”医院的主要建设单位——中建三局为每一名参与这两项工程的建设者制作了荣誉证书，以纪念他们的拼搏、奉献经历。

记者：“回家后，你要跟家人说什么？”

建设者：“回去的时候，领导会给我们发感谢信。拿那个回去，感觉脸上更有光了。”

记者：“你觉得感谢信有多重要？”

建设者：“感谢信比钱重要。”

记者：“为什么？”

建设者：“因为我是英雄，我自己觉得我就是英雄。”

习近平总书记强调：“一个有希望的民族不能没有英雄，一个有前途的国家不能没有先锋。”中华民族是崇尚英雄、成就英雄、英雄辈出的民族。今天，实现中华民族伟大复兴需要英雄，需要英雄的精神和情怀。作为新时代的技能学子，我们要时刻准备着，响应党和国家的召唤，汇入为国为民的滚滚洪流，争当时代的英雄。

无论是钢铁生产还是“两弹一星”，无论是成昆铁路还是港珠澳大桥，无论是上天入海的科学工程还是鏖战疫情的“两山”医院，这些伟大成就从设想到现实，从图样到实物，靠的是一批批中国技能人的顽强奋斗。从原公浦到顾秋亮，从郝建秀到管延安，从成昆铁路筑路人到“两山”医院建设者，一代代中国技能人敢于拼搏，勇于创新，磨炼技能，砥砺品格，聚细流汇为江河，以小我成就大我，在大我的成功中实现小我的升华。中国技能人才不仅为自己书写了光彩夺目的人生故事，更在中华民族伟大复兴的历史画卷中留下了浓墨重彩的一笔。

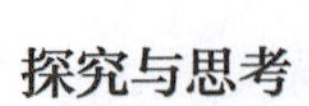

探究与思考

“一场特殊的大考”指的是什么？这场考试考了哪些内容？有哪些人交了完美答卷？小组讨论，说一说作为技工院校的学生，我们应该如何做，才能实现技能报国的梦想，才能为中华民族的伟大复兴作出贡献。上台完成 3 分钟即兴演讲。

技能应报国，技能可强国。技能青年是国家建设的中坚力量，技能青年是圆梦征程的开路先锋。技能青年要植根中国大地，用激情和汗水，用勇气与智慧，为社会主义现代化建设添砖加瓦，为中华民族伟大复兴贡献力量。相信明日的大国工匠必将从今日的技能青年中长成，伟大的新时代必将由我们创造！

寻找最美工匠

一、活动主题

弘扬工匠精神，争做技能人才。

二、活动宗旨

通过观看中央电视台系列节目《大国工匠》，学习工匠精神，弘扬工匠精神。当代技工院校学生应如何理解工匠精神的内涵，如何践行工匠精神？

本活动旨在通过学习、讨论和宣讲，使同学们懂得工匠精神的内涵，激发大家追梦、筑梦、圆梦，追求技能成就精彩人生的动力。

三、活动时间

2 周。

四、活动实施

1. 分小组，观看《大国工匠》，寻找自己最崇拜的工匠。上网查阅资料，了解他们的奋斗历程，创建最美工匠小档案。

2. 小组制作宣讲 PPT，展示小组收集的最美工匠相关资料，在全班完成宣讲。

3. 每位同学完成《大国工匠》观后感写作。

4. 评选出优秀的观后感和最美工匠小档案，展示在班级学习园地。

最美工匠小档案	
姓名	
单位	
最美格言	
最美技能	
最美奉献	
最美照片	

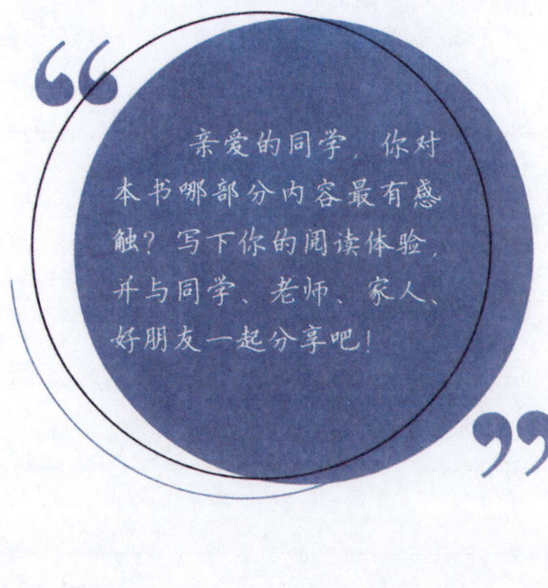
亲爱的同学，你对本书哪部分内容最有感触？写下你的阅读体验，并与同学、老师、家人、好朋友一起分享吧！